BERLITZ®

ECOSSE

Comment se servir de ce guide

- Tous les renseignements et conseils utiles avant et pendant votre voyage sont regroupés à partir de la page 102 sous le titre *Berlitz-Info*. Le sommaire des *Informations pratiques* (pp. 106–128) se trouve à la page 2 de la couverture.

- L'introduction, *L'Ecosse et les Ecossais* (p. 6), dépeint une ambiance, tout en vous donnant une idée générale sur la région. Pour en savoir davantage, vous parcourrez la section *Un peu d'histoire,* à la page 12.

- Tous les sites et les monuments à découvrir sont décrits entre les pages 23 et 80. Les curiosités à voir absolument, choisies selon nos propres critères, vous sont signalées par le petit symbole Berlitz.

- Les sports, les achats ainsi que la vie nocturne sont présentés entre les pages 82 et 93, tandis que la section *La table et les boissons* vous dévoilera, de la page 93 à la page 101, les trésors et les charmes de la cuisine écossaise.

- Un index, enfin (pp. 127–128), vous permettra de repérer en un clin d'œil tout ce que vous recherchez.

Bien que l'exactitude des informations rassemblées dans le présent guide ait été soigneusement vérifiée, elle n'en demeure pas moins subordonnée à des fluctuations temporelles. Aussi ne saurions-nous assumer de responsabilité pour des modifications de faits, d'adresses, de prix ou d'autres éléments sujets à variations. Nos guides étant remis à jour régulièrement, nous examinerons volontiers toutes les remarques dont nos lecteurs voudront bien nous faire part.

Texte établi par Don Larrimore
Adaptation française: Jean-Pierre Cahen
Rédactrice: Isabelle Turin
Photographie: Roy Giles
Maquette: Doris Haldemann
Nous exprimons toute notre gratitude à Dick Fotheringham et à Meryl A. Masterton pour leur assistance lors de l'élaboration de ce guide. Merci aussi au Scottish Tourist Board, en particulier aux centres d'information de: Aberdeen, Alloway, Broadford (Skye), Brodick (Arran), Dumfries, Durness, Edimbourg, Fort William et Oban, pour leur aide considérable.
Carthographie: **Falk** Falk-Verlag, Hambourg.

Table des matières

Photo des pp. 2–3: Le palais de Holyrood.

L'Ecosse
et les Ecossais

D'étroites vallées au vert profond qui entaillent de majestueuses montagnes, de sombres châteaux qui se mirent dans des *lochs* (étroits bras de mer) aux reflets changeants, des landes ondulantes diaprées des mauves de la bruyère, des jaunes du genêt ou de l'ajonc et partout des moutons pointillant l'horizon.

Avec ses Highlands (Hautes-Terres), ses îles et ses Lowlands (Basses-Terres), l'Ecosse est d'une beauté exubérante, un des rares lieux d'Europe où subsiste encore une nature sauvage. Il arrive que l'on y voie un cerf débucher, un aigle royal ou une orfraie surgir au-dessus de soi. Dans les rapides, des truites et des saumons superbes mettent les pêcheurs au défi, tandis que sur les rivages rocheux paressent des phoques. Aux portes d'Edimbourg, Glasgow, Aberdeen et Dundee, on peut fort bien marcher un jour entier sans rencontrer âme qui vive.

L'Ecosse est riche de traditions romantiques et d'épisodes historiques mouvementés; les *tartans* des *clans* et les cornemuses stridentes n'y sont pas de simples attrape-touristes. La mosaïque culturelle, tout comme le paysage, est ici étonnamment variée. Edimbourg, capitale riche en stimulants intellectuels et architecturaux, organise chaque été un festival international remarquable. Glasgow possède l'un des plus grands musées d'art d'Europe. Des 1200 châteaux – intacts ou à l'état de ruine vénérable – que compte l'Ecosse, quelque 150 sont ouverts au public. Sans compter les musées insolites, les demeures seigneuriales, d'anciennes abbayes, les jardins à la française et les sites archéologiques!

Fort heureusement, ce que l'on dit du climat écossais n'est pas toujours vrai. De mai à octobre, vous pouvez compter sur des heures ou même des jours entiers de chaud soleil, alternant avec la pluie, la bruine et les vents froids qui rendent les Ecossais si endurants. Par temps clair, visiteurs et photographes apprécient la visibilité, généralement surprenante.

Couvrant le tiers de la partie nord du Royaume-Uni, l'Ecosse, comme certains indigènes aiment à le dire, couronne la Grande-Bretagne. Sur ses 78 000 km² (deux fois la Suisse

Tourteaux, langoustes... la pêche de Crail réjouira bien des gourmets.

environ) vivent 5 millions d'écossais, un dixième de la population du Royaume-Uni. Depuis 1975, le pays est divisé en neuf régions et trois zones d'îles, les régions comprenant 53 districts. Les chaînes montagneuses ne sont donc plus des barrières qui divisent le pays comme aux beaux jours des clans, même si des sommets imposants dominent et structurent le paysage. Ben Nevis, avec ses 1343 mètres, est la plus haute montagne de toute la Grande-Bretagne.

Tout au long du littoral sauvagement découpé, éternellement battu par les flots de l'Atlantique ou de la mer du

Duncansby Head, à l'extrême nord de l'Ecosse, propose des terres sauvages suspendues entre mer et ciel, où seuls paissent des moutons.

Nord, alternent des falaises abruptes et de vastes étendues de plages sablonneuses. Un grand nombre des 300 lochs que compte le pays (on ne les appelle jamais lacs) sont alimentés par la mer. Sur la côte ouest, le visiteur sera surpris de découvrir une végétation méditerranéenne, don du Gulf Stream qui passe au large.

Si la plupart des 790 îles qui font partie du territoire écossais n'abritent que des oiseaux de mer, 130 d'entre elles sont habitées. Quelques-unes sont aisément accessibles par ferry ou par avion et sont appréciées des touristes.

Liée par sa constitution à l'Angleterre depuis bientôt trois siècles, l'Ecosse est à certains égards un pays qui reste fier de son identité. Elle imprime ses propres billets de banque et ses timbres-poste. Elle est indépendante sur le plan de l'Enseignement et de la Justice, elle a sa propre Eglise et bien souvent parle de telle

façon qu'elle oblige les Anglais eux-mêmes à recourir au dictionnaire.

L'Ecossais, quant à lui, est d'une très grande cordialité. Ici, les sourires sont vrais, l'humour est jovial, vif, et il semble que chacun ait le temps de bavarder. Vous serez peut-être frappé de l'aisance avec laquelle les gens s'expriment. Il se pourrait bien que ceci provienne de la grande importance accordée à l'éducation (au XVIIᵉ siècle, comme ils aiment à vous le rappeler, les pauvres petits Ecossais avaient quatre universités, tandis que l'Angleterre n'en possédait encore que deux). Et vous auriez

de la peine à trouver un autochtone qui n'ait pas des vues personnelles sur toutes choses.

N'espérez pas trouver un démenti au vieux cliché qui veut que les Ecossais soient avares ou économes (selon votre point de vue). Vous vérifierez presque partout, cependant, qu'ils sont particulièrement généreux de leur personne.

Les Ecossais, malgré des prix alourdis par les taxes, font de leur mieux pour justifier leur réputation de gros buveurs. L'alcoolisme est un problème reconnu. Entre autres inconvénients, il est notamment responsable du nombre élevé de divorces (un divorce sur trois mariages). Le jeu est aussi une passion dans le pays. L'Eglise presbytérienne d'Ecosse est à la pointe du combat contre ces fléaux sociaux.

S'il y a une chose que l'on peut qualifier de manie nationale, c'est bien le football. Les mérites respectifs des «Glasgow's Celtic» et des «Rangers» suscitent des débats aussi passionnés que la politique, cette autre grande préoccupation de la population.

Bien que situés dans les Highlands, les jardins du château de Cawdor regorgent de couleurs vives.

Depuis des siècles, les Ecossais sillonnent le monde: ils furent pionniers en Amérique du Nord, explorateurs au plus profond de l'Afrique et colons en Australie. Pour des raisons économiques en particulier, il y a, à l'heure actuelle, dix fois plus d'Ecossais de naissance ou d'origine à l'étranger qu'en Ecosse. La contribution de cette nation à la science, à la médecine et à l'industrie sur le plan mondial est remarquable.

Ce qui lie avant tout les Ecossais, c'est l'amour qu'ils portent à leur propre pays (même si, pendant des siècles, ils se sont entre-tués). En dépit du caractère sévère qu'on leur prête *(dour Scot)*, nombre d'entre eux sont franchement sentimentaux. A preuve les ouvrages de Robert Burns et de Sir Walter Scott, éternels «best-sellers». Les écrivains d'aujourd'hui ne cessent de découvrir de nouveaux et merveilleux aspects de telle vallée *(glen)* ou de tel sommet *(ben)*. Bonnie Prince Charlie et Marie Stuart font encore figure de vedettes ici.

Persuadés que leur pays est proche du paradis (avec, peut-être, un tout petit peu de pluie), les Ecossais recommandent traditionnellement aux visiteurs qui les quittent: *«Haste ye back»* (revenez vite)!

Un peu d'histoire

Pour l'Ecosse, tout a commencé il y a plus de 8000 ans. Les premiers colons, venus d'Angleterre, ou de ce qui est aujourd'hui l'Ulster, pêchaient et chassaient sur les rivages de la côte ouest.

Vers 4000 av. J.-C., des immigrants plus évolués, en provenance d'Europe occidentale, d'Angleterre et d'Irlande, se mirent aussi bien à cultiver la terre qu'à pratiquer l'élevage en Ecosse. Ils connaissaient l'art de la poterie et enterraient leurs morts dans des tombes de pierre. Tout récemment, à l'ouest d'Aberdeen, des archéologues ont découvert les restes d'un immense bâtiment en bois de cette époque, 1000 ans avant Stonehenge. Il s'agit de Balbridie Hall, la plus ancienne construction en bois trouvée dans les îles Britanniques.

Les célèbres monuments mégalithiques d'Ecosse, les pierres levées de Callanish sur l'île de Lewis, dans les Hébrides, le cercle de pierres de Brodgar et les pierres levées de Stenness, dans les Orcades, furent érigés entre 2000 et 1500 av. J.-C. par des hommes dont l'origine était manifestement le bassin méditerranéen.

A l'âge du bronze et à l'âge du fer, l'Ecosse a été colonisée par des tribus diverses s'exprimant en différents parlers celtiques (qui survivent aujourd'hui encore dans le gaélique et le gallois). Les populations vivant au sud de l'isthme Forth-Clyde étaient les Britons, celles au nord étaient connues sous le nom de Pictes. Ces tribus primitives n'étaient pas de taille à supporter les attaques des légions romaines qui, menées par Agricola, progressèrent vers le Nord et battirent les Pictes en l'an 84 apr. J.-C.

Les Romains édifièrent, pour se défendre contre la turbulence des Pictes, une ligne avancée de fortifications qui traversait l'Ecosse de Meigle (au nord-ouest de Dundee) à la rivière Clyde, au sud du Loch Lomond. C'est là que s'arrêta l'expansion vers le Nord de leur vaste empire. Ils se replièrent par la suite le long du mur d'Hadrien, qui est proche de l'actuelle frontière entre l'Ecosse et l'Angleterre.

Vers la fin du IIe siècle, des hordes de guerriers pictes attaquèrent et traversèrent ces

Cher aux Ecossais, Clava Cairns est un site préhistorique imposant.

deux lignes de défense, provoquant une riposte menée par Septime Sévère en 208.

Les Scots entrèrent en scène au cours des Ve et VIe siècles. C'était une tribu chrétienne venant d'Irlande et parlant le gaélique. Ils fondèrent en Argyll le fragile royaume de Dalriada, continuellement exposé à la menace des Pictes. Mais saint Colomban débarqua d'Irlande en 563 pour soutenir ses coreligionnaires, les chrétiens celtes. Installé pendant plus de 30 ans sur la petite île d'Iona (voir p. 80), il fit rayonner la foi qui devait par la suite favoriser l'unification de l'Ecosse.

Les invasions nordiques

Dès la fin du VIIIe siècle, l'Ecosse fut parmi les régions qui subirent les attaques répétées des Vikings déferlant sur l'Europe. Ils implantèrent des places fortes dans les Orcades, les Hébrides et dans le nord de la terre ferme. Les guerriers scandinaves décimèrent les Pictes en 839, ce qui permit à un chef gaélique, Kenneth MacAlpin, de devenir roi des Scots et des Pictes à la fois.

Malcolm II, souverain de ce royaume unifié, défit les Northumbriens en 1018, à la bataille de Carham, étendant ainsi son territoire jusqu'à la frontière sud de l'Ecosse actuelle.

Malcolm III, connu sous le nom de Malcolm Canmore («grosse tête»), modifia le cours de l'histoire d'Ecosse en épousant une princesse anglaise, la résolument pieuse reine Margaret qui fut canonisée par la suite (voir p. 26). Celle-ci, et ses fils après elle, apportèrent à l'Eglise celtique et à la monarchie écossaise tout le poids de l'influence et de l'esprit d'Angleterre. Ainsi, l'Ecosse se transforma en royaume féodal.

David Ier (1124–1153), fils de Margaret, s'illustra en fondant d'importantes abbayes telles que Melrose et Jedburgh dans les Borders (région frontalière entre l'Ecosse et l'Angleterre;

voir pp. 37–38). Le roi David favorisa d'autre part une pénétration pacifique des Normands en Ecosse, qui eut pour corrolaire la propagation de la langue française, la construction d'un grand nombre de châteaux et d'églises et, enfin, l'intégration d'une culture nouvelle au patrimoine écossais.

La formation de l'Ecosse

Le long règne d'Alexandre III (1249–1286) fut marqué par le progrès, la prospérité et l'éveil d'une conscience nationale. A la bataille de Largs, en 1263, les troupes d'Alexandre battirent le roi Haakon, obligeant les forces norvégiennes à se retirer de toutes les îles de l'Ouest. Un traité de paix fut conclu qui ne leur laissa que les Orcades et les Shetlands. Celles-ci revinrent à l'Ecosse quelque 200 ans plus tard.

Alexandre périt des suites d'un accident de cheval. Sa mort marqua l'ouverture d'une crise de succession et le début d'une longue et sanglante lutte pour l'indépendance de l'Ecosse. Profitant de cette situation confuse, Edouard Ier, roi d'Angleterre, installa John Balliol sur le trône d'Ecosse, lui imposant de reconnaître sa suzeraineté. Mais, en 1295, Balliol fit alliance avec la France (alors en guerre avec l'Angleterre) et rejeta ses liens d'allégeance à l'égard d'Edouard Ier. En guise de représailles, celui-ci mit à sac le château de Berwick et écrasa les Ecossais à Dunbar; il s'avança irrésistiblement en direction du Nord,

L'abbaye de Melrose sut résister aux assauts répétés des Anglais. **15**

saisissant les grands châteaux et s'emparant, au palais de Scone, de la pierre sacrée de la Destinée sur laquelle tous les monarques écossais s'étaient fait couronner.

Exaspérés par l'occupation militaire, les Ecossais menés par William Wallace se révoltèrent à nouveau en 1297 et battirent les Anglais à Stirling Bridge. Mais un an plus tard, Edouard mit Wallace en déroute à Falkirk, les archers anglais tuant quelque 15 000 Ecossais. En 1305, Wallace le Proscrit fut pris, emmené à Londres et brutalement mis à mort. Edouard fit exposer des parties de son corps dans toute l'Ecosse.

Puis vint Robert Bruce, autre champion révéré de la cause écossaise. Il se fit couronner au palais de Scone en 1306. Obligé de se réfugier en Irlande, il revint l'année suivante pour soumettre ses rivaux écossais. Edouard Ier mourut avant d'avoir pu vaincre ce nouveau perturbateur et son fils, le faible Edouard II, fut sévèrement défait par les troupes de Bruce à la bataille décisive de Bannockburn, en 1314. Bruce ne cessa de harceler les Anglais avec beaucoup de bravoure jusqu'en 1328, date à laquelle Edouard III signa un traité reconnaissant l'indépendance écossaise.

Les Stuarts

L'époque était malsaine pour les rois d'Ecosse. Les Stuarts Jacques Ier, II et III, qui régnèrent successivement entre 1406 et 1488, accédèrent tous au pouvoir étant enfants et moururent tous de mort violente.

Au cours de cette période, l'Ecosse a étendu les frontières de son territoire jusqu'aux limites actuelles en prenant à la Norvège, en 1472, les Orcades et les Shetlands. Bien des noms de lieu subsistent encore qui rappellent les siècles d'occupation nordique.

Jacques IV (1488–1513) a beaucoup contribué à renforcer la monarchie et à la rendre populaire. Il parvint, dans les Highlands et les îles de l'Ouest, à abattre les chefs rebelles du clan Macdonald qui, depuis le milieu du XIVe siècle, se faisaient appeler les «Seigneurs des îles». Il fut loin de réussir aussi bien contre les Anglais : en 1513, pour honorer l'*Auld alliance* (l'ancienne alliance) avec la France, Jacques IV, à la tête des troupes écossaises, pénétra jusqu'à Flodden, à quelques kilomètres seulement de la frontière. A la bataille de sinistre mémoire qui s'ensuivit, les Anglais conduits par le comte de Surrey écrasèrent les Ecossais. Quelque 10 000 hommes y périrent, parmi lesquels le roi lui-même et une grande partie de la noblesse. Flodden fut la plus grande défaite qu'ait jamais subie l'Ecosse.

C'est ainsi que Jacques V, encore enfant, monta sur le trône. Plus tard, il mena de sanglants combats contre les clans écossais, fit condamner sa sœur à être brûlée vive pour sorcellerie, s'opposa à la progression de la Réforme d'Henry VIII, institua une Justice proprement écossaise ; il épousa en premières noces une Française, la fille de François Ier, puis, en secondes noces, Marie de Guise. Jacques V mourut prématurément en 1542, six jours après la naissance d'une fille, sa seule héritière : Marie Stuart.

Marie Stuart

Très tôt, Henry VIII tenta d'imposer un traité fiançant Marie à son fils. Rendu furieux par l'échec de ce projet, il envoya ses troupes semer la terreur dans toute l'Ecosse méridionale. Aussi, Marie fut-elle expédiée en France. Elle n'avait que cinq ans. Favorable aux catholiques et soutenue par les forces françaises, Marie de Guise devint régente, ce qui augmenta encore la colère de bien des Ecossais.

Marie fut mariée, adolescente, à l'héritier du trône de France, le futur François II. Mais celui-ci mourut à peine devenu roi et, en 1561, la jeune et pieuse veuve catholique rentra en Ecosse. Elle y trouve la Réforme protestante en plein essor, dirigée par le fougueux John Knox. Le catholicisme romain venait d'être aboli en tant que religion officielle et les troupes françaises avaient été renvoyées chez elles.

Pendant les sept ans de son règne, Marie Stuart vécut presque continuellement au palais de Holyroodhouse, à Edimbourg. Bien qu'elle tînt à pratiquer sa religion, elle ne s'opposa pas à la liberté religieuse dans son royaume. En 1565, elle épousa un jeune noble à la personnalité fort discutée, Lord Darnley. L'année suivante elle eut un fils, le futur Jacques VI. Darnley fut impliqué dans l'assassinat du secrétaire privé de Marie, à Holyrood (voir p. 31) et, en 1567, il fut lui-même tué. Marie fut suspectée de complicité dans le meurtre de son mari et les soupçons se confirmèrent quand elle épousa, quelques mois plus tard, un des meneurs du complot, le comte de Bothwell, protestant tout récemment divorcé.

C'en fut trop. Discréditée aux yeux des Ecossais et réprouvée par le pape, Marie tenta **17** d'échapper à ses sujets. Arrêtée et emprisonnée dans un château sur une île du Loch Leven, elle fut contrainte d'abdiquer en faveur de son jeune fils, en juillet 1567. Elle chercha refuge en Angleterre où, aux yeux des catholiques tout au moins, elle semblait avoir un droit légitime au trône, occupé par sa cousine Elisabeth. Retenue prisonnière pendant presque vingt ans, elle fut finalement décapitée en 1587.

Vers l'union avec l'Angleterre

Marie Stuart ayant disparu, le protestantisme devint la religion officielle d'Ecosse. Après un intermède de régence (1567–1578), Jacques VI accéda au trône : il fut le premier roi protestant d'Ecosse. A la mort d'Elisabeth, en 1603, Jacques s'en fut revendiquer le trône d'Angleterre. C'est sous le nom de Jacques Ier de Grande-Bretagne, et à distance le plus souvent, qu'il gouverna son pays d'origine, comme le firent ensuite ses successeurs de la famille des Stuart. Mais l'union des couronnes n'apporta pas pour autant une paix immédiate à ces ennemis traditionnels.

D'âpres luttes religieuses et politiques agitèrent le XVIIe siècle en Ecosse. Charles Ier (1625–1649), fils de Jacques Ier,

lorsqu'il voulut imposer le livre de prières anglican, provoqua l'opposition de l'Eglise d'Ecosse et même de violentes émeutes. Le pacte ou *Covenant* solennel, signé en 1638 par des Ecossais de toutes les parties du pays, revendiquait le droit pour ceux-ci de célébrer leur propre culte presbytérien. Au cours de la guerre civile en Angleterre, les signataires d'un nouveau *Covenant* (1643) prirent d'abord le parti du Parlement contre Charles Ier. Celui-ci fut décapité en 1649. L'année suivante, les Ecossais appuyèrent Charles II, ce qui amena Cromwell à envahir leur pays : il écrasa leur armée à Dunbar. L'Ecosse subit la dictature militaire du *Commonwealth* (république) de Cromwell neuf années durant.

Bien après la restauration de la monarchie, en 1660, les luttes religieuses ravageaient toujours l'Ecosse. Dans les Highlands, les signataires extrémistes des *Covenants* furent durement persécutés au cours du *killing time* (le temps de la tuerie). Mais lorsque Jacques VII (Jacques II d'Angleterre) fut détrôné par la révolution de 1688, le presbytérianisme fut

C'est bien ici que Bonnie Prince Charlie fut écrasé par Cumberland.

formellement reconnu comme religion d'Etat. Les Highlanders des clans furent contraints à prêter serment d'allégeance au nouveau roi Guillaume d'Orange (1689–1702). Le petit clan des Macdonald de Glen Coe tardant à obtempérer, le 13 février 1692, une troupe dirigée par un certain Campbell de Glenlyon (chef d'un autre clan) massacra 38 Macdonald. Cet épisode, parmi les plus sombres de l'histoire d'Ecosse, aggrava considérablement les haines entre clans et la rancune des Highlanders envers la monarchie.

En dépit d'une large opposition écossaise, l'Angleterre et l'Ecosse signèrent, en 1707, l'Acte d'Union qui les réunit en un seul royaume, le Royaume-Uni de Grande-Bretagne. Son parlement fut dissous, mais l'Ecosse n'en garda pas moins ses propres tribunaux et ses lois, tandis que la liberté de l'Eglise nationale presbytérienne était garantie. Aujourd'hui, la réunion des deux pays se partageant la même île semble avoir été une nécessité historique, mais le nationalisme écossais ne fut vaincu que très difficilement.

Les rebellions

Les Jacobites (des loyalistes Stuart) tentèrent, quatre fois

au cours des 40 années suivantes, de ramener la famille royale exilée au pouvoir. Le fils de Jacques VII, le «Vieux Prétendant», arriva en 1708 en vue des côtes, près du Firth of Forth, à la tête d'une armée française; mais il fut empêché de débarquer.

En 1715 les Jacobites, conduits par le comte de Mar, furent un peu plus heureux: ils réussirent avec quelque 12 000 hommes à s'emparer pour peu de temps de Perth, d'Inverness et de la côte nord-est. Ils espéraient le renfort des Français, mais il ne vint pas. Le Prétendant arriva des mois après, trop tard pour rallier de nouvelles forces parmi une population indifférente ou même favorable au gouvernement.

La plus importante tentative de soulèvement jacobite eut lieu en 1745: elle fournit la matière héroïque et tragique de la légende écossaise. Elle fut conduite par le «Jeune Prétendant», le prince Charles Edouard Stuart, petit-fils de Jacques VII. «Bonnie Prince Charlie» avait 24 ans lorsque, venant de France, il débarqua en Ecosse déguisé en étudiant en théologie. Décidé à restaurer la dynastie des Stuarts, le jeune prince n'avait à sa disposition que son charme et son pouvoir de persuasion. Deux mois plus tard, il avait déjà rallié suffisamment de guerriers pour foncer à travers l'Ecosse, occuper Perth et Edimbourg, et vaincre une armée gouvernementale à Prestonpans. Il envahit l'Angleterre au début de novembre. S'emparant rapidement de Carlisle, Charles, à la tête des Highlanders, poussa jusqu'à Derby, à 200 kilomètres au nord de Londres, qu'il atteignit le 4 décembre 1745.

Mais ses troupes étaient trop éloignées de leurs bases et très inférieures en nombre à celles des Anglais. Il se résigna à suivre l'avis de Lord George Murray, son brillant tacticien, et se replia vers le nord; le 20 décembre, il était de retour en Ecosse. En dépit de l'impressionnante victoire sur les Anglais à Falkirk, en janvier, la situation se dégrada dès lors pour Charles et pour la cause des Jacobites.

Le 16 avril 1746, à la bataille de Culloden Moor, près d'Inverness, les Highlanders épuisés furent sévèrement battus par des troupes gouvernementales supérieures en nombre, placées sous le commandement du duc de Cumberland.

Robert Burns, le poète adoré des Ecossais, exerce toujours un irrésistible attrait sur ses admirateurs.

En moins d'une heure, 1200 Highlanders furent tués, beaucoup d'autres blessés ou faits prisonniers. Ils eurent à subir de cruels sévices qui valurent à Cumberland le surnom durable de «Boucher». La *forty-five* (la rébellion de 1745) était vaincue mais elle laissa de douloureux et inoubliables souvenirs. Quant à Charles, il réussit à s'échapper à bord d'un bateau français.

Les suites

Les Highlanders eurent à payer durement leur soutien à la rébellion. Le gouvernement désarma la région et y installa des garnisons, détruisit l'organisation des clans, supprima le gaélique, et interdit même le port du kilt pendant plusieurs décades. Dès 1780, et pendant près d'un siècle, des milliers de *crofters* (petits fermiers) durent quitter leur foyer pour laisser la place à de riches éleveurs de moutons venant du Sud. Cet exode forcé fut connu sous le nom infamant de *Highland Clearances* (liquidation des Highlands). Certains furent expulsés, d'autres émigrèrent. Lorsque l'Angleterre entra en guerre contre la France de Napoléon, près de 40 000 hommes furent recrutés pour les nouveaux régiments de Highlanders. Ils se distinguèrent au combat par leur courage.

L'Ecosse méridionale fut moins exposée aux troubles et Edimbourg devint un grand centre de culture, ce qu'elle est de nos jours encore. Bien des hommes de science, des personnalités du monde littéraire, des explorateurs et des industriels sont parvenus à la célébrité.

La visite d'Etat que fit George IV à l'Ecosse en 1822, la première depuis plus d'un siècle, fut d'une grande importance symbolique. Plus tard, la reine Victoria et le prince Albert «découvrirent» l'Ecosse et acquirent le château de Balmoral, toujours utilisé comme résidence d'été par la famille royale.

Depuis quelques décades, l'esprit nationaliste écossais renaît et la découverte, en 1970, d'importants gisements pétrolifères dans la mer du Nord,

Peterhead: un ciel griffé de grues, car au large, il y a de l'or noir.

au large des côtes écossaises, autorise de nouveaux espoirs. Le tourisme international qui se développe rapidement vient s'ajouter au tourisme en provenance de l'Angleterre qui a toujours été très important. Ceci a déterminé le développement d'une campagne de protection et de mise en valeur de tout ce qui subsiste du fascinant héritage historique de l'Ecosse.

Ecossais célèbres

Robert Adam (1728–1792): architecte qui conçut, entre autres, les plus beaux bâtiments de la New Town (Edimbourg) et le château de Culzean.

John Logie Baird (1888–1946): homme de science qui «inventa la télévision».

Robert Burns (1759–1796): poète et chansonnier.

Alexandre Fleming (1881–1955): bactériologiste qui a découvert la pénicilline.

John Knox (1505–1572): chef de la Réforme en Ecosse.

Sir Walter Scott (1771–1832): poète romantique et romancier.

Sir James Simpson (1811–1870): médecin et homme de science qui fut le premier à utiliser le chloroforme comme anesthésique.

Robert Louis Stevenson (1850–1894): poète et romancier.

James Watt (1736–1819): inventa la machine à vapeur.

Que voir

L'Ecosse – 440 km du nord au sud (sans compter les îles) et jusqu'à 240 km de large – est bien trop grande et bien trop riche pour que vous puissiez la «faire» en entier au cours de vos vacances. Que vous ayez ou non une voiture, il est sage de vous limiter à une ou deux régions. Sur place, les transports en commun (voir p. 125) sont excellents; des lignes aériennes relient même certaines îles au *mainland* (terre ferme). De plus, vous aurez le choix entre toutes sortes d'excursions accompagnées, en car ou en bateau, à partir de la plupart des centres touristiques.

Pour vos déplacements, songez que les trajets sont bien souvent plus longs qu'il n'y paraît sur les cartes: bien des routes n'ont qu'une piste, des places d'évitement permettant à l'un ou l'autre des véhicules de se ranger. Ce qui est charmant au début devient vite lassant! Quant aux routes de campagne, elles sont aussi le domaine de paisibles moutons et autres bestiaux...

Ce guide décrit ce qu'il y a de remarquable dans les six régions d'Ecosse préférées des touristes. Pour plus de renseignements, adressez-vous à l'Office du Tourisme.

EDIMBOURG

N

= Office du Tourisme

600 m
600 yards
400
200

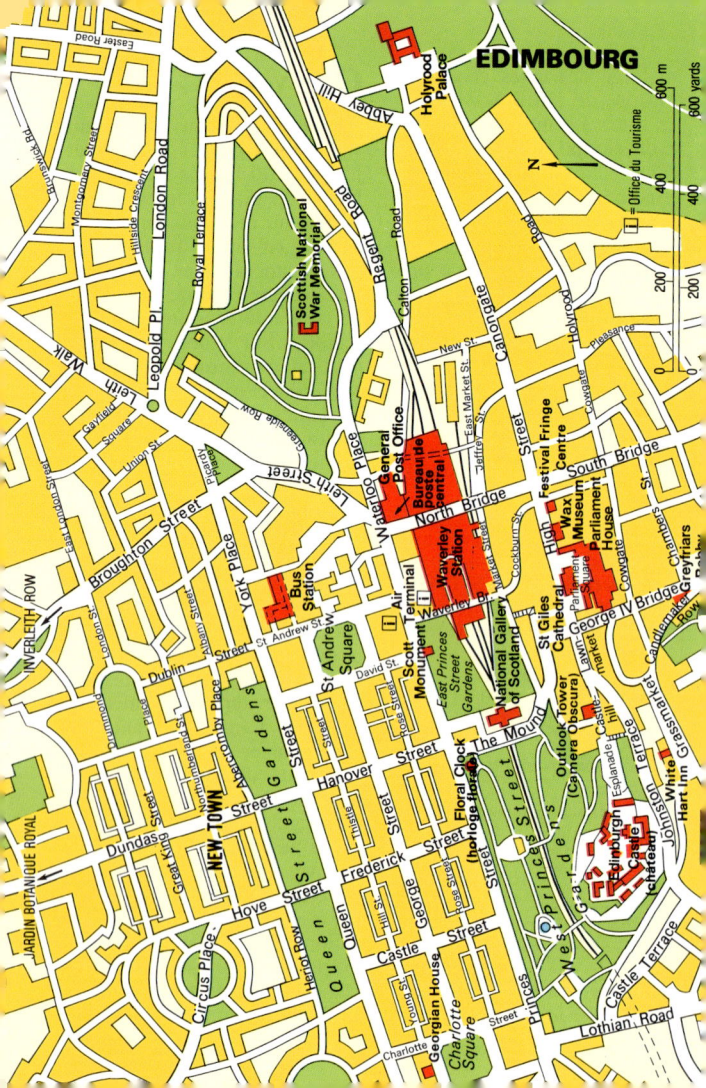

Easter Road
Warwick Rd.
Montgomery Street
Hillside Crescent
London Road
Leopold Pl.
Royal Terrace
Abbey Hill
Regent Road
Calton Road
Holyrood Road
Canongate
Holyrood
Pleasance
South Bridge
George IV Bridge
Candlemaker Row
Greyfriars
Chambers Street
Cowgate
High Street
Festival Fringe Centre
Jeffrey Street
East Market St.
New St.
Market Street
Cockburn St.
Waverley Bridge
The Mound
Bank Street
Lawn market
Castle hill
Esplanade
Johnston Terrace
Castle Terrace
Lothian Road
Hart Inn
Grassmarket
West Princes Street Gardens
Princes Street
Castle Street
George Street
Frederick Street
Hanover Street
Thistle Street
Rose Street
Queen Street
Young St.
Hill St.
Heriot Row
Hove
Dundas Street
Dublin Street
Albany Street
Broughton Street
Leith Street
Leith Walk
Garfield Square
Union St.
Picardy Place
York Place
St Andrew Square
David St.
East Princes Street Gardens
Waterloo Place
North Bridge
Waverley Station
Scott Monument
National Gallery of Scotland
Floral Clock (horloge florale)
Outlook Tower (Camera Obscura)
St Giles Cathedral
Parliament House
Wax Museum
Bureau de Poste Central
General Post Office
Bus Station
Air Terminal
St Andrew St.
St David St.
Scottish National War Memorial
Holyrood Palace
NEW TOWN
Queen Street Gardens
Northumberland Place
Great King Street
Circus Place
Charlotte Square
Georgian House
JARDIN BOTANIQUE ROYAL
INVERLEITH ROW
Inverleith Row
Edinburgh Castle (château)

Edimbourg

Elégante et raffinée, par endroits même «dans le vent», la fière capitale de l'Ecosse surprend et séduit la plupart des visiteurs. L'atmosphère aimable qu'on y respire est réellement un cadeau inattendu dans une ville qui compte près d'un demi-million d'habitants.

L'Old Town (vieille ville du Moyen Age), au pied du puissant rocher qui porte le château d'Edimbourg, et la New Town (pas très nouvelle), de l'autre côté de Princes Street, méritent d'être explorées.

Des sept collines d'Edimbourg, la vue s'étend vers le nord, au-delà de l'estuaire du Firth of Forth et, vers le sud, sur une campagne de collines douces et verdoyantes. Partout, le panorama est splendide.

Les guides proclament qu'Edimbourg a 1500 ans et qu'elle est la capitale de l'Ecosse depuis 1437. Ils vous désignent les maisons de personnages célèbres dont vous ne vous doutiez même pas qu'ils étaient originaires d'Edimbourg. En dépit de ces réminiscences du passé, la ville aujourd'hui semble résolument jeune et vivante. C'est naturellement pendant les trois semaines du Festival international (voir p. 93) qu'elle est le plus animée.

Vous trouverez facilement, en vous promenant, les principaux monuments de la ville ; tous ou presque sont desservis par les transports publics. Pendant toute la journée, les cars d'excursions prennent le départ à Waverley Bridge, à proximité immédiate du bureau local d'information touristique.

Le château d'Edimbourg

Chargé d'un lourd passé historique, le château, perché sur un volcan éteint, domine toute la ville. Personne ne sait quand a débuté l'histoire d'Edimbourg sur ce roc imposant, mais il est certain qu'une forteresse de pierre y fut érigée à la fin du VIIe siècle et que le premier véritable château date du XIe.

Deux soldats de la Garde royale écossaise, baïonnette au canon, posent pour les photographes devant la porte fortifiée qui garde l'accès à la rampe pavée de galets menant au château. Si les impressionnants canons noirs de la marine qui pointent au travers des murailles n'ont jamais été mis à feu, il en est un pourtant qui, chaque jour de la semaine à une heure, gronde sur la ville. Si vous demandez au guide «pourquoi à une heure ?», en bon Ecossais, il vous répondra : «parce que le coup d'une heure **25** nous coûte bien moins cher que les douze de midi!»

La minuscule **St Margaret's Chapel** (chapelle Sainte-Marguerite), dont les murs intérieurs sont simplement blanchis à la chaux, est le plus vieil édifice d'Edimbourg et la plus ancienne église encore utilisée de nos jours en Ecosse. Construit en 1076 par la pieuse reine Margaret, ce sanctuaire normand (roman) a survécu aux assauts qui, au cours des siècles, ont détruit les autres constructions de la colline du château (Castle Rock). Cette dernière est «gardée» par **Mons Meg,** un canon massif qui fut forgé au XVe siècle, probablement en Flandres. Deux cents ans après, ce monstre de cinq tonnes explosa sans gloire alors qu'il tirait une salve en l'honneur du duc d'York.

Tout près, une curiosité: un très étonnant cimetière canin, en partie réservé aux chiens de soldats. Et plus loin, l'antre du Lion *(Lyon's Den)*, l'endroit où vivait le lion favori de Jacques VI.

Dans la cour du château, Palace Yard, vous visiterez le **Great Hall** édifié en 1502, dont le plafond, avec ses poutres à encorbellement, a la réputation d'être le plus beau de Grande-Bretagne. Les poutres sont assemblées sans aucun clou, vis

ou boulon. C'est ici que siégea pendant un siècle le Parlement écossais. Parmi les armes exposées, vous pourrez voir une massive claymore vieille de 900 ans (grand sabre large dont le nom vient du gaélique). Le Musée militaire voisin présente une importante collection d'attirail militaire.

Dans les appartements de Marie Stuart, les **Queen Mary's Rooms,** se trouve le boudoir dans lequel elle mit au monde, en 1566, Jacques VI (plus tard Jacques Ier d'Angleterre).

Le Trésor (Regalia) – la couronne, le sceptre et l'épée d'Ecosse – est exposé dans la **Crown Room** (chambre de la Couronne). La couronne de perles et d'or, portée par Ro-

C'est de Castle Rock, promontoire sur lequel est campé le château d'Edimbourg, que le panorama sur la ville et ses parcs est le plus beau.

tait les sorcières, plus tard un terrain où l'on passait les troupes en revue et, aujourd'hui, l'endroit où se déroule, pendant le Festival d'Edimbourg, le célébrissime Military Tattoo, une retraite haute en couleur que, fanatique ou non des défilés, vous ne devriez manquer sous aucun prétexte!

Vous pourrez, moyennant finance, suivre une visite guidée. Notez d'autre part que, le dimanche, le château n'ouvre qu'à 11 heures.

Le Royal Mile

Le Royal Mile descend du château d'Edimbourg au palais de Holyroodhouse en suivant une longue crête. Cette rue célèbre de l'Old Town, aux pavés polis par l'usure, mesure en réalité 2 kilomètres (le mille écossais était plus long que l'anglais). Les hautes bâtisses et les accès étroits caractéristiques de ce quartier fournissent à leurs habitants l'occasion – qui les enchante – de raconter comment les anciens résidents jetaient par les fenêtres l'eau sale et les détritus aux cris de *«gardyloo»,* l'équivalent local de «gare à l'eau». Cela valut à la cité, par ailleurs si riche en esprit et en intelligence, des siècles d'épidémies galopantes et une réputation franchement

bert Bruce en 1306 lors de son couronnement, a été transformée par la suite. Charles II l'a portée pour la dernière fois en 1651. L'épée et le sceptre furent offerts à Jacques IV par les papes Jules II et Alexandre VI. Dans des écrins fixés aux murs, vous admirerez d'autres joyaux, tous plus éblouissants les uns que les autres.

Remarque: l'entrée du château, située légèrement au-delà de l'**Esplanade,** fut autrefois l'emplacement où l'on exécu-

peu plaisante. Le Royal Mile, aujourd'hui inodore, rangé et bordé de bâtiments historiques, prend successivement cinq noms à mesure qu'il descend : Castlehill, Lawnmarket, High Street, Canongate et, juste devant le palais, Abbey Strand. C'est sur la colline du château, au sommet de la tour du Guet, que se situe la **Camera Obscura.** Dans cette chambre octogonale et obscure, vous aurez le plaisir de voir vivre les panoramas d'Edimbourg, projetés sur une table-écran circulaire par un dispositif semblable à un périscope. Le commentaire qui accompagne ce spectacle est magistral.

Les marchands de victuailles et les drapiers n'établissent

Le Royal Mile qui, au fil du temps, s'est fait un nom (ce qui ne l'empêche pas d'en changer à tout bout de champ) a aussi su préserver son passé.

plus leurs échoppes au **Lawn-market.** Brodie's Close (la cour de Brodie) rappelle une des histoires préférées à Edimbourg. Deacon Brodie était de jour charpentier et respectable fonctionnaire municipal, mais de nuit, il était cambrioleur. Arrêté et condamné à mort, Brodie pensa pouvoir échapper au trépas en portant sous sa chemise un collier de fer. Il se trompait. La potence de la ville, qu'il avait conçue, fonctionna parfaitement. La double vie de Brodie a inspiré le roman de R.L. Stevenson : *Le Docteur Jekyll et Monsieur Hyde*.

Un petit détour jusqu'au pont George IV vous amènera à la statue de **Greyfriars Bobby.** Il s'agit d'un terrier de Skye qui attendit pendant 14 ans auprès de la tombe de son maître, dans le cimetière voisin de Greyfriar, et qui mourut de vieillesse en 1872. Les autorités, en reconnaissance de sa fidélité, accordèrent à Bobby tous les droits civiques, ce qui lui valut le droit de vote – bien avant les femmes – à ce que l'on raconte ici.

Revenant à Royal Mile, vous parviendrez à **St Giles** qui domine Parliament Square. John Knox y prêcha. La flèche de la cathédrale, érigée en 1495, est une réplique agrandie de la couronne d'Ecosse. Les élé-ments les plus anciens de Saint-Gilles sont les quatre très grands piliers du XIIe siècle qui supportent la flèche ; mais il est probable qu'il y avait une autre église sur le même site en 854 déjà. Il faut voir l'inté-rieur du sanctuaire, son vaisseau élancé de style normand (roman), ses très beaux vitraux et ses monuments qui commémorent les grands moments de l'histoire d'Ecosse. La **Thistle Chapel** (chapelle de l'ordre du Chardon) au plafond voûté en chêne écossais riche-ment sculpté, est particulière-ment intéressante. Vous y ver-rez une stalle pour la reine et un siège princier pour chacun des seize chevaliers de l'Ordre du Chardon, le plus ancien ordre de chevalerie d'Ecosse.

Plus bas, dans le Royal Mile, vous trouverez l'Edinburgh Wax Museum (Musée de cire), le Museum of Childhood (mu-sée de l'Enfance) avec ses jouets du temps passé, et Huntly House, le principal musée de la ville.

Le célèbre palais royal de **Holyroodhouse** n'était, au début de son existence, vers 1500, qu'une simple résidence proche de l'abbaye, aujourd'hui en rui-ne. Considérablement agrandi et reconstruit au XVIIe siècle, il a reçu bien souvent des monarques en visite. En été, pendant la semaine qu'y passe la famille royale, Holyroodhouse n'est pas ouvert aux visiteurs.

Les commentaires ironiques abondent dans la longue galerie des tableaux, lorsque les guides font défiler des groupes de visiteurs devant les 111 portraits supposés être ceux des rois d'Ecosse. Ce sont des œuvres rapidement brossées (de 1684 à 1686) par Jacob de Wet, un peintre hollandais qui ne manquait ni d'imagination, ni de pinceaux, ni de peinture.

A l'étage, dans la tour du roi Jacques, les appartements de Darnley et de Marie, reine d'Ecosse, sont reliés par un escalier intérieur. Une plaque commémore l'emplacement où le malheureux Rizzio, secrétaire de Marie, fut frappé de 56 coups de poignard. Aucun détail ne vous sera épargné.

La New Town

Edimbourg, jusqu'à la fin du XVIIIe siècle, se limitait à l'Old Town surpeuplée et malsaine,

Imposantes, muettes, les grilles d'Holyroodhouse seraient bien incapables de vous informer sur les intrigues et les meurtres qui furent perpétrés ici.

serrée le long de la crête descendant du château. La population, d'environ 25 000 âmes en 1700, avait presque triplé en 1767, lorsque James Craig gagna un concours d'urbanisme portant sur l'extension de la ville. Grâce à l'aide importante qu'apporta l'éminent architecte Robert Adam, la New Town issue de ce concours est devenue un des ensembles les plus complets d'architecture géorgienne.

L'axe en est **Princes Street,** à l'animation incessante. A son extrémité, le centre commercial de Waverley Market rassemble magasins et restaurants chic ; la gare est située au-dessous.

Le Nor'Loch, une étendue d'eau croupissante, fut asséché et devint **Princes Street Gardens,** un plaisant espace vert au centre de la ville. Son principal ornement est une **horloge florale** célèbre, composée de 24 000 plantes. Dressée dans les jardins, la flèche du **Scott Monument** fut élevée à la gloire de Sir Walter. Si vous grimpez au sommet, vous serez récompensé par un certificat et un superbe panorama.

Il faut descendre le Mound, à travers les jardins, pour aboutir à la **National Gallery of Scotland,** qui abrite une étonnante petite collection de grands peintres. Vous pourrez y admirer les quatre membres boudeurs de *La Famille Lomellini* de Van Dyck, le sanglant *Festin d'Hérode* de Rubens, la *Vieille Femme faisant cuire des Œufs,* un Vélasquez saisissant, et quatre portraits de Rembrandt. L'école anglaise est représentée par Turner, Gainsborough et Reynolds.

Au nord de Princes Street s'étend la New Town de style néo-classique. Sa pièce maîtresse est **Charlotte Square.** Les onze maisons aux façades symétriques qui composent le côté nord de cette place sont l'un des chefs-d'œuvre de Robert Adam, le fameux architecte écossais du XVIIIe siècle. Le **numéro 7 de Charlotte Square,** aménagé par le National Trust d'Écosse, reconstitue une authentique maison de style géorgien. Vous y verrez un service de table de Wedgwood et de Sheffield qui vous fera rêver, ainsi qu'une merveilleuse armoire à pharmacie.

La **Scottish National Gallery of Modern Art** occupe un édifice de Belford Road. Ses collections, ambitieuses, mettent l'accent sur les artistes écossais et britanniques.

En bordure d'Inverleith Row, s'étendent les 30 hectares

Princes Street : l'artère number one !

de l'admirable **Jardin botanique royal,** qui propose au visiteur l'assortiment de rhododendrons probablement le plus vaste du monde entier, avec de belles serres et une rocaille absolument extraordinaire. (Entrée libre.)

Une colonie de quelque 200 pingouins paradant dans le célèbre **Jardin zoologique** en est la principale attraction. Pour les rencontrer, rendez-vous à Corstorphine, faubourg ouest d'Edimbourg.

Le Sud-Est

Au départ d'Edimbourg, vous aurez le choix entre diverses excursions d'une journée ou d'une demi-journée qui vous mèneront à différents points intéressants de la campagne environnante.

Hopetoun House, près de SOUTH QUEENSFERRY (à 16 km à l'ouest de la capitale), est une remarquable résidence de l'architecte Adam. Elle abrite un beau mobilier d'époque et des tableaux de maîtres hollandais et italiens ; dans le parc, vous pourrez voir des moutons Saint-Kilda à quatre cornes et des cerfs.

A **Linlithgow** tout proche, les ruines importantes du grand palais fortifié où naquit Marie Stuart, en 1542, dominent le loch. Tout près de là, **St Michael's,** une des plus belles églises médiévales de Grande-Bretagne, hébergea dit-on, un fantôme extrêmement bien informé qui avertit Jacques IV de ne pas partir en guerre contre l'Angleterre ; ceci juste avant qu'il n'aille se faire massacrer à Flodden.

Des terrains de golf, des plages aux dunes sablonneuses et de charmants villages ont fait de l'**East Lothian** une région de vacances très recherchée. Les cottages de pierre du ravissant village de **Dirleton** se regroupent au pied des ruines d'un château. Par beau temps, il vaut la peine de faire une brève promenade en bateau au large de NORTH BERWICK, autour de l'impressionnant rocher de **Bass Rock.** On aperçoit alors, haut perchées sur la falaise, les formidables ruines rougeâtres de **Tantallon Castle,** un château vieux de 600 ans. Cette forteresse du clan de Black Douglas possède un puits taillé à travers plus de 27 mètres de rocher. Légèrement à l'est, à **Seacliff Bay,** sauvage et magnifique, vous pourrez vous promener le long du rivage et voir «le plus petit port» de Grande-Bretagne.

Plus à l'intérieur, le hameau de **Whitekirk,** aujourd'hui assoupi, a toujours sa grande église, mais on n'y trouve plus le célèbre puits sacré (*Holy*

Preston Mill, le plus vieux moulin à eau du pays encore en activité. **35**

Well) qui, au XVᵉ siècle, attira des dizaines de milliers de pèlerins. A East Linton, au bord d'une rivière, vous pourrez examiner **Preston Mill,** reconstitué tel qu'il était il y a presque 350 ans. **Haddington** est une ville animée qui a su préserver son cachet du XVIIIᵉ siècle.

Le paysage de pâturages et de vertes frondaisons, qui se déroule des Lothians jusqu'à la région des Borders du Sud, est particulièrement pittoresque dans la vallée de la Tweed, réputée surtout pour avoir donné son nom à un tissu de laine. Il faut explorer les collines autour de **Peebles,** charmant centre de villégiature au bord de la rivière, et surtout la très belle Manor Valley. Vers l'est en suivant la Tweed, près d'INNERLEITHEN, **Traquair House** peut se targuer d'avoir quelque 1000 ans. Vingt-sept rois d'Ecosse et d'Angleterre y ont séjourné. Traquair recèle quelques raretés, dont un escalier dérobé menant à la chambre d'un prêtre, une bible du XIVᵉ siècle imprimée à la main...

A **Abbotsford,** plus en aval, au-delà de GALASHIELS, la demeure où Sir Walter Scott passa les vingt dernières années de sa vie regorge de curiosités (ouvert tous les jours, sauf en hiver).

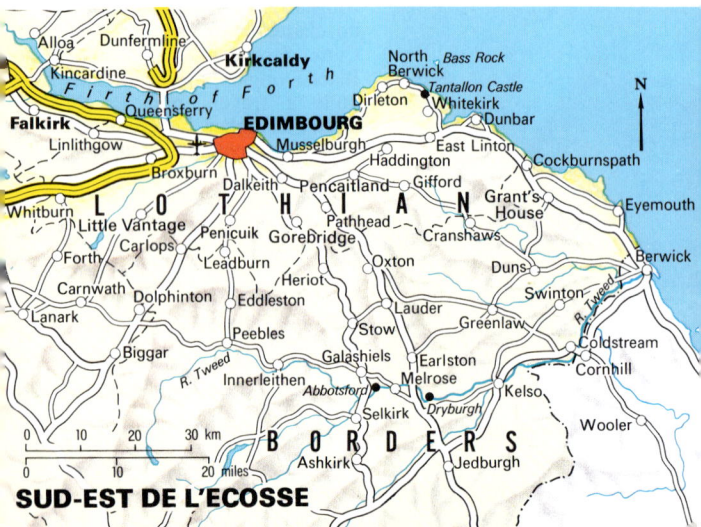

SUD-EST DE L'ECOSSE

Les abbayes des Borders

Les quatre grandes abbayes du Sud, toutes fondées au XIIᵉ siècle sous le règne de David Iᵉʳ, sont aujourd'hui plus ou moins en ruine. Toutes méritent d'être vues. Exposées aux invasions anglaises, les abbayes furent plusieurs fois mises à sac, reconstruites, puis détruites à nouveau.

L'**abbaye de Melrose** est remarquablement mise en valeur par son tapis de gazon serré; vous y verrez une église, très bel exemple du style gothique perpendiculaire, un petit musée bourré de vestiges du passé et, face à l'entrée, un beau jardin à la française.

Dryburgh est nichée à l'ombre de hêtres et de cèdres majestueux. Une partie du cloître subsiste, mais les restes de l'église sont moins importants. C'est ici que reposent Sir Walter Scott et le maréchal-comte Haig, généralissime des troupes britanniques pendant la Première Guerre mondiale. De Dryburgh, passez par GATTONSIDE pour vous rendre à Bemersyde Hill (180 m) par une merveilleuse route qui se glisse sous un tunnel de verdure. Vous parviendrez à **Scott's View,** le point de vue favori de l'écrivain sur la Tweed.

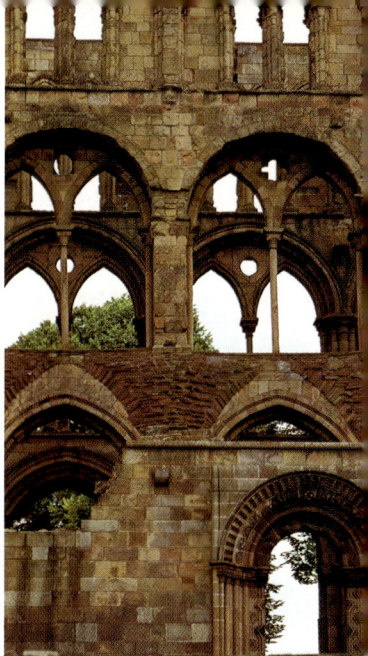

Dans un cadre bucolique, la belle architecture de l'abbaye de Jedburgh mérite que l'on s'y attarde.

Dans la ville-marché de **Kelso** il ne subsiste qu'une tour du transept et une façade de la plus ancienne des abbayes; mais elles évoquent la grandeur de ce qui fut le plus riche des monastères du sud de l'Ecosse.

Dans la vallée de la Tweed, plus près de la frontière anglaise, l'**abbaye de Jedburgh** est beaucoup mieux préservée que les autres. Le bas-côté de l'église principale, bordé d'une succession de neuf arcs étagés sur trois niveaux, est presque intact. Un vieux cimetière bien soigné se blottit contre l'abbaye. A Jedburgh, dans la maison de Marie Stuart, vous pourrez voir, entre autres, un masque mortuaire moulé peu après son exécution en 1587, ainsi que l'original de l'ordre d'exécution. On visite le musée et l'abbaye de Jedburgh toute l'année.

L'Ecosse centrale

Stirling, dont l'orgueilleux château Renaissance commandait la voie principale reliant les Highlands aux Lowlands, fut au cours des siècles le théâtre des pires batailles. Les guides du château régalent le visiteur des récits de sièges, d'intrigues et de meurtres infâmes perpétrés derrière ses épaisses murailles. Aux abords de l'esplanade du château, un spectacle audio-visuel haut en couleur illustre la sauvage épopée.

Contrastant avec la sobriété du château d'Edimbourg, la façade de Stirling est ornée de toute espèce de sculptures bizarres et grotesques. Il semble que Jacques V, constructeur du palais, ait eu une prédilection

pour les chérubins et les démons. La plus grande partie du château que l'on visite aujourd'hui n'a «que» 500 ans environ, bien que ce rocher imposant ait été fortifié au moins quatre siècles auparavant. Jacques III y est né, Jacques IV et Jacques V y grandirent, Marie Stuart y fut couronnée!

Le grand hall qui fait face à la cour supérieure fut en son temps la plus vaste salle gothique d'Ecosse et servait de «maison du Parlement». Par la suite, et pendant deux siècles, elle fut utilisée comme baraquement militaire. Actuellement, elle est en voie de restauration. Dans la partie affectée aux banquets, vous verrez de superbes pièces d'argenterie. Ne manquez pas d'admirer, parmi les objets exposés dans l'intéressant musée militaire, les an-

Le spectacle audio-visuel de Stirling vous dévoilera l'histoire, des plus tumultueuses, de son château.

L'ECOSSE CENTRALE

GRAMPIAN

Brechin

Milton
of F.

Forfar

Arbroath

Todhills

Kirriemuir

R. South Esk

R. Dee

Balmoral
Castle

Dykend

Meigle

DUNDEE

Cupar

St Andrews

Anstruther
Pittenweem

Crail

Isle of May

Firth of Forth

EDIMBOURG

FIFE

Spittal of
Glenshee

Kirkton of
Glenisla

Blairgowrie

Meikleour

Scone

PERTH

Kinross

L. Leven

Kirkcaldy

HIGHLAND

Dalnaspidal

Blair Atholl

Pitlochry

Queen's View
Pass of Killiecrankie

Dunkeld

Ballinluig

Amulree

Dunning

Blackford

Dunblane

Alloa

Dunfermline

Linlithgow

Loch Tummel

Tummel

R. Tay

Falls of Bruar

Glen Garry

Killichonan

Fortingall

Glen Lyon

Crieff

St Fillans

Doune

Callander

Bannockburn

FALKIRK

Loch Ericht

Cashlie

Glen Lyon

Killin

R. Dochart

Lochearnhead

THE
TROSSACHS

STIRLING

CENTRAL

Tulloch

Rannoch

Lyndrum

Crianlarich

Inversnaid

Loch Katrine

Loch Achray

Lake of
Menteith

Luss

Balloch

Fort William

Ben Nevis

Glen Coe

Portnacroish

Dalmally

Cairndow

Strachur

Ben
Lomond

Loch Lomond

Dumbarton

20 miles

20 km.

Corran

Oban

Kilmelford

Inveraray

Kilmartin

Loch Fyne

Loch Crarae

Lochgilphead

STRATHCLYDE

ARGYLL

Loch Linnhe

Loch Etive

TAYSIDE

ciennes affiches de recrutement pour les régiments d'Argyll et des Sutherlands et deux tabatières à tête de bélier.

Jusqu'en 1890, l'**Auld Brig** de Stirling était le seul pont, bâti au XVᵉ siècle en pierre du pays, qui enjambât la rivière Forth.

Au sud du château s'étend le champ de bataille de **Bannockburn.** Dans un spectacle audio-visuel, le National Trust présente clairement l'enchaînement complexe des guerres d'indépendance, dont le moment culminant fut la victoire épique de Robert Bruce sur les Anglais en ce lieu même, en 1314. Une grande statue équestre de Bruce, en cotte de mailles, commémore ces hauts faits.

Au nord de Stirling, la **cathédrale de Dunblane,** vieille de 700 ans, est une des plus belles églises gothiques d'Ecosse. Elle a peut-être un siècle de plus que le **château de Doune,** situé plus à l'est, à quelques minutes de voiture. C'est une résidence fortifiée, remarquablement conservée elle aussi. Son propriétaire, le comte de Moray, expose dans un musée tout proche une extraordinaire collection de vieilles voitures.

Chantée avec romantisme par Sir Walter Scott dans *La Dame du Lac* et dans *Rob Roy,* la région des **Trossachs** se distingue par ses merveilleux lochs et *lochans* (très petits lochs), ses vallées et ses montagnes.

Le mot «trossachs» désigne probablement des endroits «hérissés de poils», allusion à leurs rochers escarpés couverts de forêts. Il est facile ici de quitter les sentiers battus. Essayez la route qui relie Loch Arklet à INVERSNAID, au bord du Loch Lomond (une route en cul-de-sac dont vous vous souviendrez). Elle passe par une région de ravins sauvages, entre Loch Katrine et Loch Achray, qui est le véritable cœur des Trossachs.

Loch Lomond est la plus grande étendue d'eau douce de Grande-Bretagne (environ 38 kilomètres du nord au sud). La plupart des îles et îlots qui constellent sa surface (une trentaine) sont des propriétés privées. L'une d'entre elles constitue une bonne réserve naturelle. **Ben Lomond** (973 m) contemple aimablement des eaux parfois agitées. **Luss** est certainement le plus charmant des petits villages qui bordent le loch. Sans doute voudrez-vous, à BALLOCH, embarquer sur le *Countess Fiona* pour découvrir les rives romantiques de ce Lomond, si cher au cœur des Ecossais. Chaque jour, en été, le bateau accomplit sans hâte, par deux fois, le trajet Balloch–Inversnaid. **41**

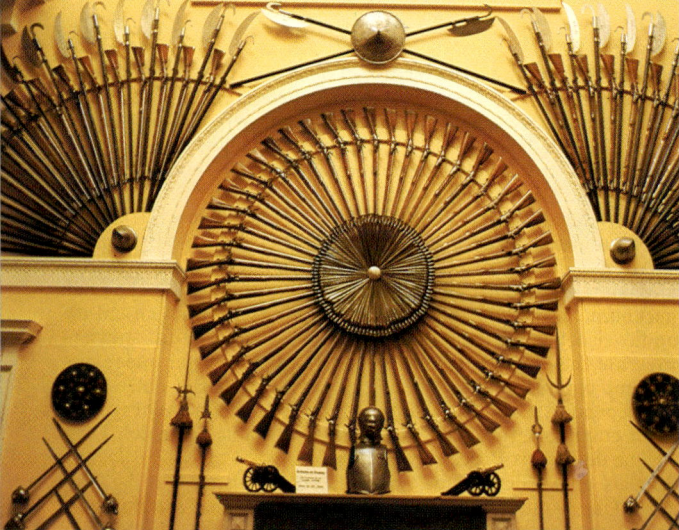

Inveraray: une collection qui fait oublier l'usage véritable des armes.

Au **jardin de Strone,** près de CAIRNDOW au bord du Loch Fyne, vous admirerez le plus grand arbre de Grande-Bretagne, en parfaite santé et en pleine croissance. Son immense frondaison vous empêchera d'apercevoir le sommet (57 m) de cet incroyable et gigantesque sapin *(abies grandis)*. Le géant est entouré de beaucoup de compagnons de haute taille dans l'impressionnant arboretum.

Le **château d'Inveraray,** remis en état après un incendie qui le ravagea en 1975, est rempli de trésors fascinants. Maison de famille des ducs d'Argyll, le château d'Inveraray, juste à l'ouest du Loch Fyne, a été le quartier général du clan des Campbell («les rois sans couronne des Highlands») dès le XVe siècle, bien que les bâtiments actuels ne datent que de 1790. La collection d'armes qu'il abrite est renommée; à juste titre, car elle regorge de sabres, de fusils des Highlands, de boucliers, de hallebardes moyenâgeuses ornées de glands; les Wedgwood et autres porcelaines exposées dans la chambre de la Tourelle sont un enchantement.

Plus au sud, en suivant le Loch Fyne, vous découvrirez le délicieux **jardin de Crarae Woodland** rempli d'azalées, de rhododendrons et de roses.

Près de KILMARTIN, dans l'important site archéologique des âges du bronze et de la pierre, vous trouverez difficilement ce qui pourtant mérite le plus d'intérêt : le **cairn de Nether Largie North,** une salle de pierre utilisée il y a presque 3000 ans à des fins rituelles. Si vous dégringolez jusque là, vous découvrirez des dizaines de marques en forme de cupule tracées dans la roche de la dalle, ainsi que des «têtes de haches» engravées dans le rocher dont on pense qu'elles sont liées à des pratiques de magie de l'âge du bronze. Demandez qu'on vous indique la piste qui mène au cairn ; elle passe par des pâturages à moutons et n'est pas très éloignée du site préhistorique de Nether Largie Cairn South et du cercle de pierres de Templewood.

Dans cette région de l'Ouest tempérée par le Gulf Stream poussent d'innombrables plantes exotiques ; mais c'est dans les **jardins d'Arduaine,** sur la côte en dessous de KILMELFORD, que l'on trouve les plantes les plus remarquables : des espèces rares de rhododendrons, des azalées et des **43** magnolias dignes de figurer dans une exposition florale.

Plus au nord, bien au-delà du port animé d'OBAN, d'où partent les bacs à destination des îles de l'Ouest, le fameux défilé de **Glen Coe** s'insinue en amont du Loch Leven, au travers d'impressionnantes montagnes. Le paysage qui est ici caractéristique des Highlands, avec ses moutons, ses cerfs et ses aigles royaux, attire des milliers de grimpeurs et de marcheurs. La géologie, la flore et la faune sont présentées dans un centre du tourisme par le National Trust. Dans la vallée encaissée, un monument commémore le massacre des Macdonald (en 1692); par mauvais temps, c'est un lieu morne et même effrayant. Le musée au toit de chaume du pittoresque village de Glen Coe abrite une collection d'objets et

De Queen's View, le regard succombe à un paysage bien écossais.

de souvenirs du clan des Macdonald.

Le plus souvent, les nuées obscurcissent le sommet arrondi et à vrai dire peu imposant du **Ben Nevis** (1343 m). C'est du nord qu'il est le «plus à son avantage», mais c'est de l'ouest qu'on l'escalade le plus aisément, au départ de FORT WILLIAM, le centre de tourisme des Highlands, toujours très fréquenté.

Plus à l'intérieur des terres, la rivière Garry et son loch

s'étirent à travers les épaisses forêts qui tapissent la merveilleuse vallée de **Glen Garry.** Vous partagerez l'enthousiasme de Robert Burns, lorsque vous verrez les **chutes de Bruar** cascader dans la rivière de Garry, au bas de la vallée.

Un peu plus loin, vous parviendrez à **Blair Castle** et à son petit village, BLAIR ATHOLL, d'où partent d'innombrables autocars d'excursions. Le château surmonté de tourelles blanches, souvent reconstruit et restauré, est la demeure ancestrale des comtes et ducs d'Atholl. Le duc actuel est officiellement à la tête de la seule «armée privée» de Grande-Bretagne : un régiment de Highlanders fort d'environ 60 fusiliers locaux et de 20 joueurs de cornemuse et tambours qui défilent en kilt lors de cérémonies ; ils n'ont, depuis 170 ans, plus tiré sur qui que ce soit.

Vous pourrez visiter 32 pièces de ce château dont une partie est vieille de 700 ans. Il est bourré des richesses amassées par la famille Atholl au cours des siècles : une fascinante collection de porcelaines, des épées, des fusils, des andouillers, des animaux empaillés et partout des portraits. Ne manquez pas les deux poires à poudre, datant de l'époque co-

45

loniale américaine, qui sont très rares.

A quelques kilomètres au sud, le **défilé de Killiecrankie** vous invite à cheminer sous les frondaisons pour admirer la partie la plus resserrée des gorges. Un centre du National Trust y présente la bataille gagnée par les Highlanders contre les Anglais, en 1689.

Pitlochry, lieu de villégiature estivale très fréquenté, est admirablement situé à proximité de nombreuses attractions naturelles et de réalisations dues à l'homme. Dans la ville elle-même, vous pourrez visiter le barrage de Pitlochry et son Fish Pass (lieu de passage obligé) par lequel, chaque année, transitent quelque 8000 saumons dénombrés par un dispositif électronique.

A l'ouest, un éperon en bordure de la route, appelé **Queen's View** en souvenir de la visite de la reine Victoria en 1866, permet de découvrir un très beau panorama sur le Loch Tummel et les collines des Highlands.

Le délicieux village de **Fortingall** est chargé d'histoire et de mystère. Il s'enorgueillit de posséder «le plus vieil arbre vivant d'Europe» et très vraisemblablement les plus beaux cottages aux toitures de chaume que l'on puisse voir dans le pays. Le hameau est niché dans la vallée de Glen Lyon, aux dires des habitants, «le plus long, le plus beau et le plus solitaire» des glens.

Ne manquez pas **Dunkeld,** au sud de Pitlochry. Ses petites maisons brunes, grises et blanches du XVIIe siècle ont été magnifiquement restaurées. Elles conduisent à une imposante vieille cathédrale, partiellement en ruine, dressée parmi de hautes futaies et entourée de pelouses et de très belles tombes, au bord de la rivière Tay. Vous trouverez, sur la charmante place de Dunkeld, un centre d'information fort utile. Un remarquable pont de pierre, dû à Thomas Telford (1809), enjambe la rivière Tay.

De Dunkeld, une promenade de 3 kilomètres sous les ombrages vous mènera à la **réserve naturelle du Loch of the Lowes :** ici, plus qu'ailleurs en Ecosse, vous aurez toutes les chances d'observer une orfraie (balbuzard). Dans une jolie cabane, vous pourrez guetter mille espèces d'oiseaux aquatiques et scruter les arbres où nichent les orfraies revenant d'Afrique.

Au hameau de MEIKLEOUR, vous verrez, bordant la route,

Dunkeld a deux joyaux : une émouvante cathédrale et un vieux pont.

une des merveilles du monde végétal: une allée de hêtres géants de près de 30 mètres de haut, plantés en 1746 et aujourd'hui encore pleins de vitalité.

Au petit musée du village de **Meigle,** les fanatiques d'archéologie admireront les monuments richement sculptés datant des Pictes et du début du christianisme.

Un peu au nord de PERTH, vous découvrirez des hectares de pelouses d'un vert éclatant qui rehaussent le rouge pâle du grès de **Scone Palace.** C'est ici que presque tous les rois d'Ecosse ont été couronnés, sur la pierre de la Destinée, qu'Edouard Ier fit transporter de Scone (prononcer Scoune) à Londres en 1296.

Vous passerez devant des paons fantasques pour atteindre la demeure ancestrale des comtes de Mansfield. Les plus beaux meubles y sont français, et une merveilleuse collection réunit des Sèvres de la première époque, des porcelaines de Derby et de Meissen. La Long Gallery (qui porte bien son nom) présente plus de 80 pièces au vernis Martin qui ressemblent à s'y méprendre à de la porcelaine, mais qui sont en fait en papier mâché. Cette collection de vases et d'objets d'art restera unique en son genre: les frères Martin sont

morts à Paris au XVIIIᵉ siècle sans livrer le secret de leur vernis. Avant de quitter Scone, flânez dans le domaine et dans l'arboretum : un ensemble imposant de séquoias de Californie, de cèdres et autres conifères, dans un décor magnifique.

St Andrews, sur la côte du comté de Fife, est une villégiature très animée, car elle est considérée, dans le monde entier, comme la patrie du golf. Depuis 500 ans, on y joue au golf ou du moins à quelque chose qui y ressemble. Chacun peut jouer sur l'Old Course (le vieux parcours) du Royal and Ancient Golf Club où se déroulèrent tant de championnats épiques (voir p. 85). Cette station balnéaire particulièrement agréable se flatte en outre d'abriter la plus vieille université d'Écosse (fondée en 1411) et les ruines de la plus grande cathédrale du pays, construite aux XIIᵉ et XIIIᵉ siècles. C'est là que fut célébré le mariage de Jacques V avec Marie de Guise. Le vieux château de la ville possède un cachot en cul-de-basse-fosse garanti contre toute évasion. En été, la ville met sur

pied un festival artistique et des représentations théâtrales, très appréciées des critiques.

De pittoresques villages de pêcheurs s'échelonnent le long de la côte sud-est de Fife, qui s'appelle East Neuk. **Crail,** où vous avez le plus de chances de trouver du homard frais, est un petit port aimable et désuet. La tour du Tolbooth (prison), de style hollandais, et les maisons restaurées attirent les photographes.

Anstruther (prononcer «ansteur»), qui fut la capitale écossaise du hareng, mérite largement votre visite pour son **musée de la Pêche** *(Scottish Fisheries Museum).* Vous y admirerez une cabane de pêcheur des années 1900, étonnamment réaliste, de superbes maquettes de bateaux, des fanons de baleine et une présentation qui explique la pêche au chalut. Au départ d'Anstruther, vous pouvez faire une promenade en mer jusqu'à l'île de May, une réserve ornithologique avec des falaises imposantes de 75 mètres de hauteur.

Au marché bien achalandé de Pittenweem, autre vieux port de pêche aux bâtiments habilement restaurés, vous verrez souvent, parmi les produits de la mer, des montagnes de crevettes.

Les fanas du golf s'arrêteront à St Andrews ; les marins en herbe iront rêver au musée d'Anstruther.

49

Aberdeen et le Nord-Est

Vous comprendrez le nom de «cité de granit» donné à **Aberdeen,** lorsque vous verrez ses maisons et ses édifices construits en blocs massifs de granit gris. Mais curieusement, cette solide métropole située plus au nord que Moscou est tout sauf lugubre : un million de roses et d'autres fleurs, des jonquilles et des crocus, par exemple, y poussent avec une telle luxuriance qu'Aberdeen a gagné six fois le trophée convoité des Villes Fleuries de Grande-Bretagne.

La troisième ville d'Ecosse

(210 000 habitants) est aussi le troisième port de pêche de Grande-Bretagne ; le spectacle en est passionnant. Ne manquez pas d'aller au port le matin (vers 7 h 30) pour voir le vaste **marché aux poissons.** Des chalutiers patinés par le temps déchargent jour après jour des milliers de poissons : vous les verrez mélangés à la glace, comptés, achetés, charriés par de rudes et cordiaux Aberdoniens.

Bien que l'industrie de la pêche soit traditionnellement

Aberdeen, la «cité de granit», se consacre essentiellement à la pêche.

florissante, elle n'explique pas le boom spectaculaire d'Aberdeen. La plupart des 40 000 bateaux qui abordent ici chaque année sont au service des grandes plates-formes «off shore» aménagées au large. La ville s'est équipée pour accueillir l'afflux des travailleurs du pétrole de la mer du Nord ; elle offre ainsi aux touristes une ambiance internationale insolite.

Que vous visitiez Aberdeen par vos propres moyens ou en groupe accompagné, vous ne pouvez manquer **Marischal College,** au cœur de la ville. Remarquable par la tonalité claire de la pierre, appelée «granit blanc», il fait partie de l'Université d'Aberdeen.

Non loin de là, dans un quartier moyenâgeux, **King's College** est un campus d'aspect bien moins «granitique». Le plaisant quadrilatère est dominé par un monument typique de la ville et aimé de tous, la Crown Tower of King's Chapel. Démoli par une tempête en 1633, le bâtiment fut reconstruit et complété par des éléments de style Renaissance. A l'intérieur de la chapelle, admirez le plafond cintré en chêne massif, le jubé sculpté et les stalles ; ce sont de remarquables exemples de l'art médiéval.

Après avoir traversé un cimetière très encombré, vous atteindrez **St Machar,** la cathédrale d'Aberdeen. Bâtie en 1357, mais reconstruite en grande partie en granit au siècle suivant, elle est décrite par les guides spécialisés comme «la plus remarquable cathédrale fortifiée de l'Europe occidentale». Vous y verrez, couronnant le merveilleux ensemble formé par les murs de pierre et les vitraux, un autre plafond de chêne, qualifié d'héraldique car il est orné d'écussons aux armes des rois et des chefs religieux.

Hormis la cathédrale, rien d'important ne fut construit en granit jusqu'au XVIIIe siècle environ. La moitié des bâtiments en granit que l'on voit aujourd'hui à Aberdeen sont en pierre provenant de la **carrière de Rubislaw.** Son exploitation commença en 1741 pour cesser en 1970 faute de matériau. Il n'en subsiste qu'un trou gigantesque, envahi par les mauvaises herbes, que vous serez surpris de découvrir tout près du centre d'Aberdeen, à Queen's Road.

Aberdeen possède une croix de carrefour datant du XVIIe siècle, appelée **Mercat Cross;** elle est curieusement entourée d'un parapet sur lequel sont gravés les noms des rois d'Ecosse, de Jacques 1er à Jacques VII. Cette croix de bourg royal serait la plus belle subsistant à ce jour; Aberdeen reçut en effet ses chartes de bourg royal de Guillaume Ier, le Lion, en 1179.

Un excellent centre d'information occupe St Nicholas House, sur Broad Street.

D'Aberdeen aux hautes montagnes de Cairngorm, s'étend la longue et pittoresque vallée de la **rivière Dee,** appelée Royal Deeside depuis que la reine Victoria l'a chantée avec chaleur. La reine fit de nombreux séjours de vacances au **château de Balmoral.** Ce très grand domaine, au bord des eaux bondissantes, avait été acquis en 1852 par le prince consort Albert qui transforma à son goût le château à tourelles. Lorsque la famille royale n'occupe pas Balmoral, le domaine est ouvert au public du 1er mai au 31 juillet. Au-delà de la route, la modeste **église de Crathie,** en granit, est toujours fréquentée par la famille royale.

En aval de la Dee, en direction d'Aberdeen, le **château de Crathes** se prévaut de magnifiques jardins dont les haies d'ifs géants sont taillées une fois l'an par des jardiniers manifestement experts en leur art. La vue que l'on a de la tour du XVIe siècle par-dessus ces haies ex-

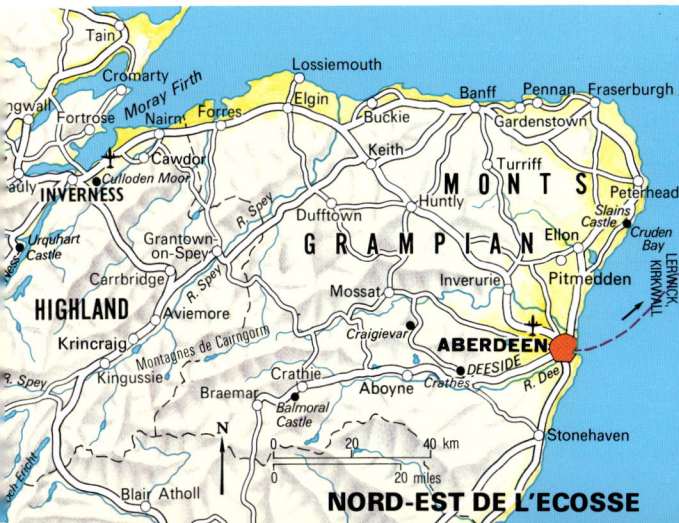

NORD-EST DE L'ECOSSE

La famille royale sait qu'à Balmoral son intimité est vraiment préservée.

ceptionnelles vaut à elle seule la visite. Mais ne manquez pas les trois salles aux plafonds peints, le plafond de chêne à caissons de la galerie, à l'étage supérieur, et la corne en ivoire de Leys, datant du XIVe siècle, accrochée au-dessus de la cheminée du salon.

En direction du nord-ouest, près de MUIR OF FOWLES, vous parviendrez au **château de Craigievar.** Rien, ou presque, n'a changé depuis 1626 dans ce château rose de sept étages, flanqué de tourelles. Considéré comme un chef-d'œuvre du style baronnial écossais, il est, à l'intérieur, entièrement revêtu de panneaux de pin. Le règlement du prix d'entrée vous donne droit à une visite guidée détaillée. Parmi les objets curieux, vous verrez un appareil s'adaptant à la tête et au cou, surnommé *scold's bridle*

(bride à mégère) que les maris écossais d'autrefois utilisaient pour punir leurs épouses acariâtres, ainsi que trois «tables de Craigievar», longues tables à jeu pour deux personnes, très rares dans leur genre.

PITMEDDEN, au nord d'Aberdeen, est doté d'un exceptionnel **jardin** à la française de plus d'un hectare, qui date du XVIIᵉ siècle. Quelque 37 000 plantes dessinent de riches massifs, mis en valeur par des bordures soigneusement taillées et des pelouses bien tondues sur le modèle du palais d'Holyroodhouse, à Edimbourg.

Pour vous rendre aux **Bullers de Buchan,** près de Cruden Bay, sur la côte souvent agitée au sud de PETERHEAD, il vous faudra peut-être demander votre chemin. Ces *bullers* sont comme des abîmes magnifiques qui entaillent les falaises tourmentées. Les cris des oiseaux de mer s'y répercutent à travers les anfractuosités. Un panneau vous met en garde : ces falai-

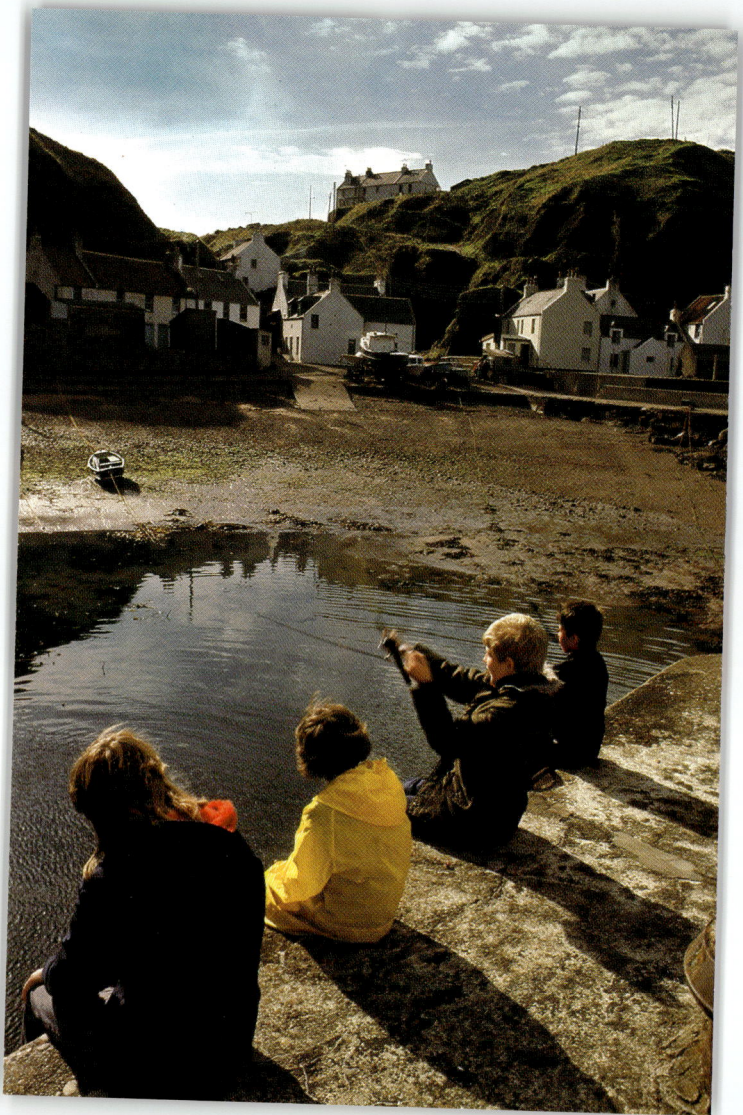

ses sont effectivement dangereuses et les sentiers peuvent être glissants.

Tout près, la piste inégale et même boueuse qui part du village de CRUDEN BAY vous conduira aux ruines rougeâtres de l'impressionnant **château de Slains,** qui domine la côte. Par beau temps, les falaises herbeuses au pied du château invitent au pique-nique; mais si la brume marine tourbillonne parmi les ruines, vous comprendrez que, dans la littérature, ce château ait été associé à Dracula!

A l'ouest de FRASERBURGH, **Pennan** et **Crovie,** deux minuscules villages de pêcheurs. Une route étroite longe les précipices et, par des virages en épingle à cheveux, vous conduit à Pennan, un ensemble de maisons blanches à cheminées jumelées, au bord d'une petite baie. Les visiteurs sont accueillis avec grande gentillesse par les pêcheurs qui vivent sur cette partie retirée de la côte. GARDENSTOWN, un peu plus à l'ouest, est un port plus important, mais néanmoins très agréable.

Pennan est un endroit paisible où le seul souci des vacanciers est d'attendre que le poisson morde...

Les Highlands

Le nord de l'Ecosse, qui n'est plus vraiment isolé, est heureusement peu peuplé; outre ses paysages magnifiques, il vous offre le château le plus amusant du pays, le monstre le plus mystérieux et les distilleries les plus prometteuses. D'**Inverness,** capitale des Hautes-Terres depuis l'époque des Pictes, vous pouvez vous rendre presque partout. Arrêtez-vous une heure, sauf si c'est un dimanche, dans ce centre animé et visitez le petit **Museum and Art Gallery,** logé dans le château de Wynd. Une fascinante exposition présente l'histoire des Highlands depuis l'âge de la pierre.

Inverness, stratégiquement placé au confluent de la rivière Ness et du Moray Firth, ne se prive pas de tirer parti de la célébrité sous-marine qui hante le **Loch Ness.** On vend des maillots et des posters à l'effigie de «Nessie» et tout un bric-à-brac. Des bateaux chargés de touristes sillonnent le loch pour apercevoir le «monstre». Les apparitions de Nessie sont très exactement recensées.

La science moderne, avec sonars et caméras sous-marines perfectionnés, semble cerner le mystère : la plupart des spécialistes qui ont étudié la question **57** croiraient plutôt à l'existence non pas d'un, mais de plusieurs grands animaux aquatiques; dans les profondeurs obscures du Loch Ness, ils se nourriraient d'anguilles et de poissons de toute espèce. Le loch mesure 37 kilomètres de long, et un peu plus d'un kilomètre et demi de large; sa profondeur moyenne dépasse 200 mètres et, par endroits, son fond vaseux atteint 300 mètres.

Huit kilomètres à l'est d'Inverness, à **Culloden Moor,** revenu à la tranquillité, on trouve les pierres tombales des clans jacobites, un petit musée et un centre d'information qui rappellent la victoire, en 1746, des troupes anglaises *(redcoats)* du duc de Cumberland sur les Highlanders de Bonnie Prince Charlie.

Près du champ de bataille, **Clava Cairns** est un impressionnant site préhistorique. Un cercle de pierres levées entoure trois tombes qui, à l'époque, étaient couvertes. Il est fascinant et un peu troublant de méditer dans l'une de ces chambres funéraires qui remontent à 1800 ou 1500 av. J.–C.

«Trois fantômes sur quatre préfèrent le **château de Cawdor**», c'est du moins ce qu'assure un panneau à l'entrée du pont-levis d'époque. Vous partagerez leur point de vue, car c'est bien le seul château d'Ecosse qui vous fera rire en vous instruisant. Ne manquez pas de lire les textes explicatifs qui accompagnent les objets exposés: ils vous éviteront d'être assombri à l'idée que c'est dans cette forteresse, berceau de la famille des comtes de Cawdor, que Shakespeare situe le meurtre du roi Duncan par Macbeth.

Vous ferez bien, pour votre sécurité, de renoncer à l'ascension de l'escalier en spirale de la tour qui survit depuis 1454. Dans la tour, la salle de l'Arbre épineux *(Thorn Tree Room)* est vide et abrite une aubépine arborescente qui a plus de 600 ans. Dans le village voisin de **Cawdor,** les cottages de pierre, le cimetière, et même les vaches, vous enchanteront.

Pour ce qui est du saumon et du whisky, l'Ecosse ne peut rien offrir de mieux que la **rivière Spey.** Tout au long de cette belle vallée tapissée de fougères et ponctuée de vieux ponts, vous voudrez quitter votre véhicule pour regarder les pêcheurs; vous les verrez lancer leur ligne dans les eaux les plus

Si, du château d'Urquhart, vous ne voyez pas Nessie, allez à Cawdor où les tapisseries, elles, sont réelles.

rapides des îles Britanniques et bien souvent en retirer un saumon irisé.

Les quatre ou cinq distilleries de la région constituent ce que la publicité appelle «la seule **route du whisky** au monde». Vous y verrez distiller le malt selon des procédés qui, pour l'essentiel, n'ont pas varié depuis 500 ans. Dans la règle, vous êtes convié à déguster gratuitement un *wee dram* (petite mesure de whisky). Les Offices de Tourisme locaux vous indiqueront les distilleries qui accueillent les visiteurs et celles qui sont momentanément fermées (la fermeture annuelle peut durer six semaines, souvent en juillet et août). Vous aurez peut-être la chance d'y voir un ton-

Pour en savoir plus sur la saveur de l'eau-de-vie écossaise, suivez la «route du whisky»; le mystère de la distillation vous y sera même révélé.

nelier en train de cercler des douves de chêne : la loi prescrit en effet qu'un alcool ne peut être appelé whisky et vendu comme tel que s'il a vieilli trois ans dans des fûts de chêne. Les spécialistes considèrent qu'il faut environ dix ans de maturation pour obtenir un bon scotch. Dans la région de DUFFTOWN, qui est un centre de malteries, on aime citer ce dicton : *Si Rome s'étend sur sept collines, Dufftown repose sur sept alambics...* bien qu'au-

jourd'hui on y compte huit distilleries.

A CARRBRIDGE, un **centre du tourisme** *(Visitor Centre)* présente un spectacle audio-visuel sur l'histoire des Highlands, une piste pour naturalistes et, dans un décor sylvestre, une exposition de sculptures modernes.

Aviemore est probablement le lieu de villégiature le plus développé et le plus moderne du pays. Il est ouvert également tout l'hiver et offre de bonnes possibilités de ski dans les montagnes toutes proches. Lorsque le temps est clair et qu'il n'y a pas de vent, il vaut la peine de prendre le télésiège qui monte aux Cairgorms, d'où l'on peut faire des excursions sous la direction de gardes forestiers.

C'est à 11 kilomètres au sud, que se situe la réserve zoologique de **Highland Wildlife Park,** à Kincraig. Vous pouvez en traverser une partie en auto (ne quittez pas votre véhicule et fermez vos fenêtres si des animaux s'approchent). Normalement, vous devriez pouvoir observer la plupart des animaux suivants, qui vivent à l'état sauvage ou demi-sauvage : cerfs, troupeaux des Highlands, bouquetins, moutons de Soay, chevaux sauvages de Przewalski, bisons d'Europe et mouflons. **61**

Cap Wrath
Dunnet Head
Duncansby Head
John O'Groats
N
Durness
Thurso
Wick
Tongue
Eriboll
I. Handa
Tarbet
40 km
Helmsdale
Unapool
Lochinver
Mont
Suilven
Lairg
L. Shin
Ullapool
Dornoch
Moray Firth
Kinlochewe
Elgin
Gardenstown
Fras
Achnasheen
Cawdor
R. Spey
Banff
Penna
Peterhe
Mulben
Shieldaig
INVERNESS
Carrbridge
Loch Ness
Kyle of Lochalsh
Aviemore
R. Don
Broadford
Montagnes
de Cairngorm
ABERD
Ardvasar
Invergarry
Stonehaven
Mallaig
Blair Atholl
Fort William
Ben
Nevis
G. Garry
L. Levem
Tummel
Pitlochry
Meigle
L. Lyon
Dunkeld
Dundee
Arbroat
Lochaline
Glen Lyon
R. Tay
Oban
L. Earn
Perth
F. of Tay
St Andrews
Loch
Katrine
Doune
Dunblane
L. Leven
Anstruther
Inveraray
Stirling
KIRKCALDY
North
Berwick
Loch
Lomond
Dumbarton
Falkirk
Firth of Forth
Dunb
Greenock
Linlithgow
EDIMBOURG
Haddingt
Fairlie
GLASGOW
Peebles
Berwic
Ardrossan
Kilmarnock
R. Tweed
Galashiels
Arran
Innerleithen
Melrose
Brodick
Prestwick
Yarrowford
Whiting
Bay
Ayr
Jedburgh
Kelso
Thornhill
Dumfries
Greenhead
New Galloway
Newton Stewart
New Abbey
cades
Stranraer
Creetown
Carlisle
Kirkwall
Solway Firth
Penrith
Mull of
Galloway
Workington

Dans la partie de la réserve où l'on peut circuler à pied, les renards arctiques, les ours et les chats sauvages tiennent la vedette.

En allant vers l'ouest, d'Inverness à la côte, vous découvrirez la région du **Loch Torridon.** Si vous vous arrêtez à **Shieldaig,** charmant et paisible hameau au bord du loch, juste en face d'une petite île, réserve naturelle du National Trust, vous céderez peut-être à la tentation de vous attarder en des lieux si séduisants.

Dans les **jardins d'Inverewe,** vous retrouverez les effets magiques du Gulf Stream. C'est une oasis à la tiédeur méditerranéenne et colorée, d'où le regard s'étend sur le Loch Ewe. Les magnolias géants et les «dents-de-chien» de l'Himalaya sont les stars incontestées de ce jardin.

A une minute de là, à l'écart de la route, après Loch Broom, vous admirerez les **chutes de Measach** qui plongent 60 mètres plus bas dans un gouffre effrayant nommé gorge de Corrieshalloch.

Depuis le pont suspendu, le coup d'œil sur les chutes de Measach mérite certainement une halte.

La **côte déchiquetée du Nord-Ouest,** au-delà d'ULLAPOOL, petit port de pêche d'où l'on s'embarque également pour les Hébrides extérieures, est certainement le plus mémorable paysage écossais. Chaque fois que vous le pourrez, empruntez les routes secondaires les plus proches de la côte. Vous sillonnerez une contrée d'une beauté exceptionnelle, émaillée de rochers moussus, de fougères et de milliers de très petits lochs. Une partie de la région est intégrée à la réserve naturelle d'Inverpolly. D'étranges histoires circulent à propos d'une montagne superbe, le **Suilven,** qui domine l'horizon près de LOCHINVER (pourquoi les bêtes ne paissent-elles jamais sur ses pentes?). Vous aurez peut-être la chance, à TARBET, minuscule localité, de trouver un bateau qui vous mène à l'**île de Handa,** intéressante par ses immenses falaises de grès, ses plages de sable et une très riche réserve ornithologique.

Vous pouvez atteindre, en été, l'extrême pointe nord-ouest de la terre ferme d'Ecosse, le **cap Wrath,** aussi bien par ferry que par minibus. Par temps clair, les grandes falaises, le spectacle des oiseaux et la vue sur la mer sont absolument fantastiques.

Non loin de l'aimable

Kilts et tartans

Portée tous les jours par certains, uniforme de régiment pour d'autres, la «jupe des Highlands» n'a ici rien de loufoque.

L'Ecossais typique est revêtu d'un kilt qui tombe à mi-genoux, d'un gilet assorti et d'un veston de tweed. Ses bas de laine sont retenus par des jarretières (un couteau est glissé le long de la jambe droite), tandis que la jupe est maintenue à la taille par une ceinture. Pour compléter l'ensemble, une bourse de peau *(sporran)* qui pend à la ceinture. Il arrive que l'habillement soit parachevé par un tartan.

C'était autrefois au tartan (pièce d'étoffe) que l'on reconnaissait le clan (groupe ayant pour base la famille), car chacun possédait son propre motif *(sett)*. Les clans se subdivisant, les motifs, eux, se multiplièrent. Il y en aurait aujourd'hui un millier.

De quoi étourdir plus d'un acheteur qui, cependant, ne se fiera qu'à son bon goût. Contrairement aux Stewart ou aux Campbell qui, eux, n'ont pas le choix!

Les ruines du château de Varrich, près de Tongue, n'ont-elles pas un cachet parfaitement romantique?

hameau de DURNESS, vous découvrirez la **grotte de Smoo** *(Smoo Cave),* admirablement située au fond d'un estuaire *(firth)* impressionnant. La voûte calcaire de la vaste caverne extérieure rappelle une cathédrale.

A la fin de la Seconde Guerre mondiale, quelques sous-marins allemands rallièrent les eaux du pittoresque et abrupt **Loch Eriboll** où ils se rendirent à la Royal Navy. Plus à l'est, le paysage côtier dans la région du **Kyle of Tongue** est admirable.

A **Dunnet Head,** le point le plus septentrional de la terre ferme écossaise, vous verrez, campés sur ce promontoire venté, un phare et de robustes signaux de brume rouges.

Tout près de là, **John O'Groats** est bien plus connu, même s'il n'est pas tout à fait à l'extrémité nord du pays. Il semble que le panneau qu'on y trouve soit modifié de temps à autre ; il indique qu'il y a 1405 kilomètres jusqu'à l'autre extrémité du pays, la plus grande distance mesurable d'un bout à l'autre de la Grande-Bretagne.

Tout près, à **Duncansby Head,** le point extrême au nord-est, on vous autorisera – l'après-midi – à visiter le phare perché sur la falaise. Sachez que, si la corne de brume se met à rugir pendant que vous y êtes, vos oreilles s'en souviendront long-temps ! Au large, les *Stacks* de Duncansby, telles d'insolites colonnes, méritent d'être photographiées.

De LAIRG, centre de pêche à la ligne situé à l'intérieur des terres et plus au sud, faites un détour par les **chutes de la Shin,** où avec un peu de chance, vous verrez des saumons de belle taille jaillir de l'eau tumultueuse des cascades, tout au long de cette jolie rivière.

Le Sud-Ouest

Glasgow

Le plus grand centre urbain d'Ecosse (765 000 habitants) offre un visage transformé. Les témoins de la révolution industrielle retrouvent peu à peu leur gloire passée. De nombreux quartiers populaires sont remis à neuf. Les eaux de la Clyde sont à nouveau claires et l'air a retrouvé une certaine pureté.

Au cœur de la ville, le charmant **George Square** est peuplé des statues de quelques grands personnages célèbres que domine la silhouette imposante de Walter Scott. A proximité se trouve le point de départ d'un tour de ville en bus. Le guide vous expliquera que les eaux du fleuve sont aujourd'hui à nouveau si propres que les saumons y ont refait leur apparition. Il vous montrera Glasgow Green, l'un des 62 parcs de la ville et le plus ancien de Grande-Bretagne.

La remarquable **cathédrale** gothique est vieille, pour certaines parties, de près de huit siècles. Elle abrite le tombeau de saint Mungo, patron de la cité. Les mausolées de la nécropole située derrière l'édifice sont ceux de notables du siècle passé, dont vous trouverez de plus amples informations au People's Palace de Glasgow Green, un musée dédié à l'histoire de Glasgow.

L'Ecole des Beaux-Arts, par Charles Rennie Mackintosh, est l'un des très beaux monuments victoriens.

Une des plus importantes curiosités de Glasgow, la **Burrel collection,** est installée dans un bâtiment inauguré en 1983 et conçu spécialement pour

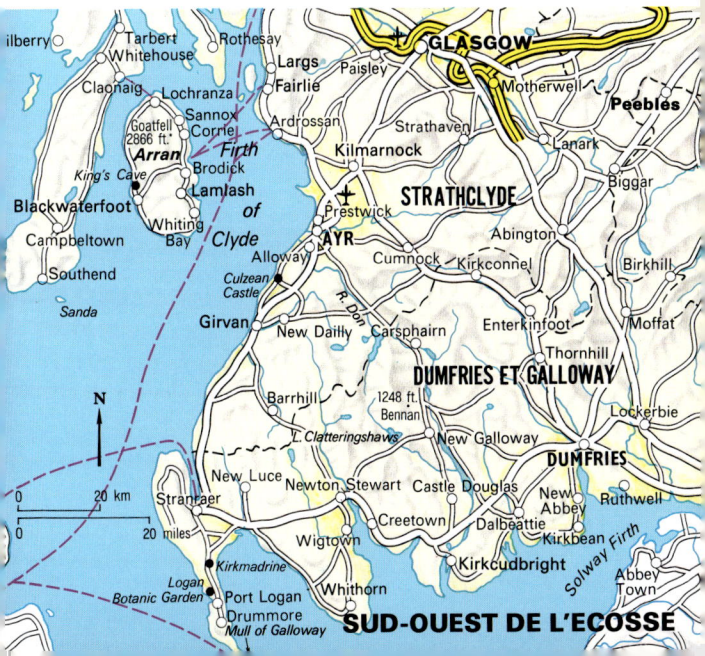

SUD-OUEST DE L'ECOSSE

abriter les milliers d'œuvres d'art, rassemblées au début de ce siècle par un amateur écossais, sir William Burrell. Sis dans Pollok Park, le musée présente aussi bien des statues antiques que des toiles impressionnistes.

Les collections de peintures de l'**Art Gallery and Museum,** dans Kelvingrove Park, comptent au nombre des plus belles d'Europe. Vous pourrez voir le *Guerrier* par Rembrandt, ainsi que son inquiétant *Bœuf écorché*. Le *Portrait d'Alexandre Reid* par Van Gogh s'y trouve aussi. Un ensemble d'œuvres françaises du XIXe siècle comprend des

toiles de Degas. Frans Hals, avec son étonnant *Portrait d'un gentilhomme,* illustre la peinture hollandaise, Bellini et Giorgione l'école vénitienne. Sans oublier la *Crucifixion* de Salvador Dalí.

Ne manquez pas d'aller voir, au **Transport Museum,** la plus ancienne bicyclette du monde.

Arran

L'île d'Arran, au débouché du Firth of Clyde, est restée remarquablement intacte. En 55 minutes, un service régulier de ferry relie ARDROSSAN, sur la côte de l'Ayrshire, à BRODICK, capitale d'Arran. En été, un bac plus petit relie la partie nord d'Arran à CLAONAIG.

De verdoyantes collines, où s'égaillent de rares maisons, s'évasent autour de l'ample baie de Brodick. Arran compte quelque 3500 habitants, à peine plus que le nombre de cerfs qui vivent en liberté dans les admirables glens de l'île. Une des plus belles vallées, celle de **North Glen Sannox,** se situe entre LOCHRANZA et SANNOX.

Mais Arran, c'est avant tout le paradis des grimpeurs et des marcheurs. Dix sommets dépassent 600 mètres et il y a des dizaines d'itinéraires jalonnés qui empruntent les crêtes. Parmi la centaine d'espèces d'oiseaux qui hantent Arran, citons le faucon pèlerin et le (très rare) aigle royal.

Si vous en avez le loisir, faites donc le tour de l'île, soit 80 km; vous verrez des phoques se prélasser dans les

En quelques heures, vous n'aurez qu'un aperçu des merveilles exposées à la galerie de Glasgow. **69**

rochers et au large, en été, vous observerez des requins qui prennent le soleil. Les amateurs d'archéologie trouveront sur l'île des chambres funéraires néolithiques et d'autres sites intéressants.

Du **château de Brodick,** environné de rhododendrons, d'azalées et de roses, la vue embrasse toute la baie. On peut en visiter quelques salles, mais son charme réside surtout dans ses jardins à la française.

Le paysage le plus sensationnel de l'île est au nord, là où s'élève le **Goatfell** (874 m), la plus haute montage d'Arran. Vers le sud, la topographie s'adoucit en collines agréables entourant les villages de LAM-LASH et de WHITING BAY.

Dans la partie sud-ouest de l'île, sur une sauvage bande côtière adossée aux falaises, se trouvent les **grottes du Roi** (*King's Caves*) dans lesquelles, selon la tradition, Robert Bruce, observant le travail d'une araignée, comprit comment il devait affronter sa destinée et celle de son pays. La grotte principale, avec ses parois de roche jaune, verte et grise, fait songer à une cathédrale. Aucune habitation n'est visible aux alentours et les oiseaux plongent librement dans la mer à la recherche de poissons.

Dumfries et Galloway

De retour sur la terre ferme et légèrement au sud d'AYR, ville côtière particulièrement animée, vous pénétrez dans le **pays de Burns** (*Burns Country*). C'est dans cette région que naquit Robert Burns, le poète national tant aimé; c'est là qu'il vécut intensément les 37 années de sa vie, et c'est là qu'il mourut en 1796. Vous y retrouverez tout ce qu'il a évoqué dans *Tam O'Shanter,* son grand récit en vers, en particulier l'Auld Brig O'Doon, le vieux pont qui enjambe la rivière Doon, à Alloway, depuis quelque 700 ans.

La maison natale de Burns, à **Alloway,** abrite un musée consacré au poète. Vous y verrez le petit lit clos où Burns dormait enfant avec trois de ses frères, des ustensiles du XVIIIe siècle et beaucoup de souvenirs du poète.

Tout près, un intéressant spectacle audio-visuel, au «centre du pays de Burns», présente la vie et l'œuvre du poète. Vous déciderez là ce que vous voudrez visiter sur la «route des souvenirs» qui va jusqu'à Dumfries, où Burns mourut.

Surplombant la mer sur la côte sauvage de l'Ayrshire, le **château de Culzean** est situé dans un parc de plus de 200 hectares avec d'imposants jardins à la française. Le château, qui date pour l'essentiel de la fin du XVIIIe siècle, est considéré comme le chef-d'œuvre de Robert Adam; il est maintenant la propriété du National Trust. La visite guidée dure une demi-heure et commence dans la salle d'armes. Remarquez les colonnes corinthiennes et ioniques du célèbre escalier ovale. La pièce la plus étonnante est le salon rond dont

Les plages d'Arran, qui semblent ignorer la pollution, offrent un contraste frappant avec l'étendue des faubourgs de Glasgow, à quelques milles.

les fenêtres surplombent de 50 mètres les vagues du Firth of Clyde. A l'étage, une exposition est consacrée à la mémoire de Dwight D. Eisenhower. Les dimanches aprèsmidi, en été, un orchestre de cornemuses joue sur les pelouses de Fountain Court, juste sous le château.

Trop de touristes négligent l'Ecosse du Sud-Ouest dont les rivages, les landes et les forêts sont admirables; un de ses châteaux abrite même une des plus belles toiles de Rembrandt. Son climat, dit-on, est plus clément que celui d'autres régions du pays. Situé sur la péninsule qui porte le nom de Rhinns of Galloway, le **Jardin botanique de Logan** possède un merveilleux ensemble de fougères arborescentes et, parmi les palmiers et autres essences des pays chauds, de magnifiques magnolias provenant de Chine occidentale. Non loin de là, dans un bassin naturel dont les eaux sont soumises à la marée, l'étang de Logan, des poissons étonnamment apprivoisés viennent manger dans la main du gardien. Au bord de la mer, PORT

LOGAN (59 habitants) regroupe un lot de petites maisons jaunes; ici, il y a toujours foule dans ce qui est sans doute le plus petit bureau de poste du RoyaumeUni: il mesure presque 2 mètres carrés. A l'extrême sud de l'Ecosse, des hautes falaises du cap de Galloway (Mull of Galloway), vous pouvez, par

Chaque été, au château de Culzean, les Scots font revivre le passé: on y danse au son de la cornemuse.

temps clair, apercevoir l'île de Man.

Vers le milieu de la péninsule, sur les pentes d'un paisible pâturage, une chapelle abrite les **pierres de Kirkmadrine :** trois stèles paléo-chrétiennes portant des inscriptions, ainsi que divers fragments du Vᵉ siècle.

Le petit musée de gemmes et de roches de Creetown, au sud-est de NEWTON STEWART, est pour le moins insolite : outre un remarquable assortiment de roches (comprenant un important échantillon de feldspath vieux de 3,7 billions d'années et provenant du Groenland), il présente la plus grande collection de cannes du monde entier (en particulier celles de Churchill et de Charlie Chaplin).

En été, les automobiles (pas d'autocars ni de caravanes) peuvent, moyennant une modeste finance, emprunter la **route des Brigands** *(Raiders Road),* une spectaculaire traversée de forêt de 16 kilomètres, au départ de CLATTERINGSHAWS DAM ou de BENNAN près de MOSSDALE. Il vaut la peine de faire un détour vers le nord-ouest pour voir, près de THORNHILL, le **château de Drumlanrig,** tout en grès rose, au milieu des pelouses où s'égaillent des moutons. De tous les trésors de cette demeure du XVIIᵉ siècle, c'est la *Vieille Femme lisant* de Rembrandt, dans l'escalier principal, ainsi qu'un beau Holbein qui vous retiendront le plus longtemps. Vous admirerez aussi, au salon, deux commodes d'ébène marquetées ayant appartenu à Louis XIV et une écritoire de voyage de Napoléon.

Vous verrez, au sud de Dumfries, les belles ruines de grès rouge de l'**abbaye de Sweetheart,** fondée au XIIIᵉ siècle par la dame de Galloway. L'abbaye était dédiée à la mémoire de son mari, John Balliol, dont elle garda le cœur embaumé sur elle jusqu'à sa mort.

Sur la côte, au-delà de la rivière Nith à Ruthwell, une jolie petite église environnée de tombes usées par le temps abrite la **croix de Ruthwell.** C'est un important monument d'art primitif anglo-saxon, orné de reliefs taillés dans une roche brun-rose il y a 1300 ans. Haute de 5,5 mètres, elle est couverte de figures sculptées et d'inscriptions runiques. Il se peut que vous ayez à chercher la clé de l'église dans un cottage voisin.

Sur l'île de Skye, des mottes de tourbe et des toits de chaume pour que le dépaysement soit total.

Hébrides intérieures

Skye

La plus aimée des îles des Highlands est outrageusement belle, du moins quand les brumes n'envahissent pas ses collines admirables et ses vallons idylliques. L'île de Skye, chargée d'histoire, est à cinq minutes à peine de KYLE OF LOCHALSH en ferry ou à une demi-heure de MALLAIG. Cette île mérite absolument une excursion d'une journée.

Les chaînes des Cuillins, au sud, et des Quiraig, au nord, sont parmi les sites montagneux les plus impressionnants. On peut atteindre **Loch Coruisk,** dans les **Cuillins** escarpées, au prix d'une longue expédition par voie de terre, ou en bateau en partant d'ELGOL. La beauté de cette longue étendue d'eau douce d'un bleu-noir, semée de quelques îlots buissonneux, est saisissante.

Les collines de **Quiraing** sont plus aisément accessibles : elles dominent le pays juste au nord de la route secondaire reliant STAFFIN à UIG, port de départ du ferry pour les Hébrides extérieures.

KILMUIR, à l'extrême nord de l'île, détient la tombe et le monument de Flora Macdonald, l'héroïne romantique de Skye qui, déguisée en servante, parvint à cacher et à sauver Bonnie Prince Charlie poursuivi par les Anglais. Dans le Nord également, vous avez des chances de découvrir des survivances de la langue et de la culture gaélique que l'on s'efforce aujourd'hui de ranimer.

Le **rocher de Kilt** *(Kilt Rock),* sur la côte pittoresque de Staffin, est une falaise curieusement cannelée d'où jaillit une chute d'eau qui va s'abîmer dans la mer. Soyez prudent sur cette crête élevée !

A un kilomètre et demi de là, les chutes de Lealt se précipitent dans un ravin (auquel on peut accéder) jusque dans une jolie baie. On y verrait parfois bondir des saumons. En approchant de PORTREE, capitale de l'île de Skye, vous dé-

A Mull, comme ailleurs, un troupeau de moutons qui fait tache. **77**

couvrirez un grand pic de roche gris-noir appelé le **Vieil Homme de Storr** *(Old Man of Storr)*. Portree, au bord de son bras de mer, et BROADFORD sont des centres de tourisme très fréquentés ; mais vous trouverez sur l'île bien des endroits plus paisibles pour passer la nuit.

Le **château de Dunvegan** est le seul en Ecosse qui ait été habité aussi longtemps par une même famille : ce fut la place forte du clan des MacLeod pendant plus de sept siècles. Vous pourrez voir, dans la massive forteresse au bord du loch, le drapeau de la fée *(Fairy Flag)*, un fragile lambeau de soie tissé, à ce que l'on croit, à Rhodes au VIIe siècle. Lors de batailles entre clans, il aurait par deux fois sauvé les MacLeod. Le sinistre cachot, dans lequel on descendait les prisonniers est, lui, beaucoup moins poétique.

A la jetée de Dunvegan, vous pourrez embarquer sur l'un des petits bateaux, qui font des promenades de 30 minutes en mer autour de rochers et d'îlots où il n'est pas rare d'apercevoir des phoques.

Il vaut la peine de visiter, dans le sud de l'île, deux hameaux perdus au bord de la mer : ORD et TARSKAVAIG. Par temps clair, on y a une vue splendide sur les Cuillins, de l'autre côté de la baie.

Mull

La grande île de l'Ouest vous offre, parmi beaucoup d'attraits, ses landes paisibles et vallonnées au pied de vraies montagnes, ses rivages remarquablement plaisants ainsi qu'un des plus charmants ports d'Ecosse. Un service de ferry régulier relie Oban à CRAIGNURE, sur l'île de Mull, en 45 minutes ; un autre ferry traverse en 15 minutes le détroit de Mull, de FISHNISH POINT à LOCHALINE. En été, des bateaux partent de Mull pour des excursions dans plusieurs petites îles très appréciées des touristes.

Tobermory (700 habitants), délicieuse petite «capitale», se niche dans une rade naturelle entourée de collines boisées et protégée par la verte et plate île de Calve. Des régates s'y déroulent et les joueurs de golf qui font le parcours au-dessus de Tobermory jouissent d'une vue étendue sur la mer. Vous entendrez certainement parler du fabuleux trésor enfoui quelque part dans la vase du port : un galion de l'Armada espagnole fut coulé à cet endroit en 1588, mais toutes les tentatives pour le renflouer ont échoué.

Au sud-ouest de l'île, **Calgary** a les plus belles plages sablonneuses de Mull. Si vous circulez en voiture et disposez d'un peu de temps, ne manquez pas d'emprunter la longue route côtière qui longe le **Loch Na Keal.** Vous progresserez lentement sur une route étroite, mais la solitude des falaises et les collines mauves de bruyère vous récompenseront. Les moutons assoupis se lèveront à regret pour vous laisser passer. Les insulaires s'appellent des Muilleachs (prononcer Moulax). Vous y entendrez peut-être parler le gaélique.

A la pointe est de l'île, les deux châteaux de Mull, accessibles au public, sont très proches l'un de l'autre et sont visibles du ferry d'Oban. Le **château de Duart** (XIIIe siècle), perché sur un promontoire, est le plus imposant. C'est le berceau du clan MacLean. L'autre, **Torosay** (XIXe siècle) reçut souvent Winston Churchill.

Joueurs de golf, marins ou artistes, tous s'accordent pour dire que le village de Tobermory a du charme.

Iona

Cette île, toute petite et paisible, au large de la pointe sud-ouest de Mull, est chère aux Ecossais et vénérée par toute la chrétienté. Venant d'Irlande en 563, saint Colomban et douze de ses disciples débarquèrent à Iona, y apportant le christianisme qui allait gagner toute l'Ecosse (ainsi que, très vraisemblablement, le secret de la distillation du whisky). Une soixantaine de rois écossais, norvégiens, irlandais et français sont ensevelis dans cette île sacrée.

De Mull à Iona, il faut compter 7 minutes de traversée parfois agitée en ferry (pas de véhicules); des bateaux font également l'excursion au départ d'Oban. Les trésors d'Iona: une abbaye dont la plus grande partie date du XVe siècle, une petite chapelle de style roman qui aurait été élevée en 1072 par la reine Margaret, les belles ruines d'un couvent du XIIIe siècle, la croix de saint Martin sculptée au Xe siècle, et enfin Reilig Odhrain, le cimetière où reposent rois et chefs de clans. L'abbaye abrite un charmant petit cloître bénédictin.

Par beau temps, il vaut la peine de faire une promenade jusqu'à la pointe nord; les plages y sont éblouissantes de blancheur. La plupart des habitants que compte Iona (moins de 100) vivent dans des maisons de pierre groupées près du débarcadère du ferry. La présence de moutons, de bétail et de quelques bateaux de pêche révèle les occupations des habitants, mais en été, la plupart d'entre eux consacrent leurs activités aux nombreux visiteurs.

Les 770 hectares de l'île sont restés longtemps la propriété des ducs d'Argyll. Récemment, Iona a été acquise par le Gouvernement en vue de sa protection «pour la nation». Lorsqu'en 1773 Samuel Johnson se rendit dans l'île, il écrivit: «Il est à plaindre, celui dont le patriotisme ne serait pas affermi dans la plaine de Marathon, ni la piété stimulée dans les ruines d'Iona».

Depuis Iona, vous pouvez vous embarquer pour une promenade d'une heure autour de l'**île de Staffa.** La grotte de Fingal, qui inspira l'ouverture célèbre de Mendelssohn, vous impressionnera. On peut aussi atteindre Staffa en partant d'ULVA FERRY, sur l'île de Mull, ou depuis Oban.

Sépulture des premiers rois d'Ecosse, Iona, l'île sacrée, accueille maintenant étudiants, pèlerins...

Que faire

Où que vous séjourniez en Ecosse, surtout du printemps à l'automne, vous aurez presque toujours *trop* à faire. Le calendrier des manifestations remplit deux épaisses brochures éditées par l'Office du Tourisme écossais, et vous trouverez chez la plupart des marchands de journaux un guide exhaustif des manifestations à Edimbourg et Glasgow: **The List.**

En été, les Jeux des Highlands drainent des foules qui viennent encourager les sportifs de tout poil.

Manifestations spéciales

Même si pour vos vacances vous n'aspirez qu'à vous détendre, assistez au moins à l'un des Jeux *(Games)* des Highlands qui se déroulent en divers points du pays pendant les mois d'été. Vous y verrez des titans en kilt lancer d'immenses troncs de pins ou de mélèzes – le fameux *caber* –, gémir sous l'effort de la lutte à la jarretière (tir à la corde) ou d'autres exploits épuisants. Vous verrez aussi des orchestres de tambours et de cornemuses, des danses des Highlands exécutées par de tout jeunes enfants, et plus de vaillants vieux châtelains et de piquantes jeunes filles en tartan que vous n'aurez de films pour les photographier. Le rassemblement des Highlanders de Braemar est souvent honoré de la présence de membres de la famille royale. Mais ce qu'il y a de mieux, ce sont les foires agricoles et les concours de chiens de bergers qui ont lieu parfois à l'occasion des grands rassemblements des Highlands (ou des Lowlands).

Foires diverses et manifestations traditionnelles se succèdent tout l'été dans les Borders. Citons ainsi la Scottish Transport Extravaganza, la plus importante manifestation de la région en son genre, qui se déroule, avec ses expositions de tacots, ses ventes de véhicules, ses compétitions, à Glamis Castle, en juillet.

On organise aussi, partout, des visites de demeures et de jardins historiques, des croisières sur les lochs et les firths, des expositions florales, des promenades. Sont aussi programmées des excursions de botanique, de géologie et d'ornithologie, et des balades en train à vapeur. Vous verrez des ateliers dans lesquels les artisans sont à l'œuvre ; on vous montrera comment on fabrique

un kilt. On visite les distilleries de whisky, des dizaines de musées, des moulins et des petites fermes de *crofters* restaurés. A Edimbourg et à Dumfermline, on peut se rendre dans des centres de *brass-rubbing* (technique de l'estampe appliquée à des reliefs en laiton).

Le lignage du golf

Nul ne sait exactement quand tout a commencé dans ce pays froid et venté, mais on sait qu'en 1457 Jacques II tenta de mettre le golf hors-la-loi car il menaçait la sécurité du pays. En effet, trop d'archers écossais négligeaient leurs exercices de tir, préférant taper sur une petite balle. Cette interdiction resta sans effet, comme d'autres d'ailleurs. Marie Stuart, passionnée par ce jeu, l'aurait pratiqué sur le terrain de Bruntsfield, à Edimbourg; c'est probablement le plus ancien parcours sur lequel on joue aujourd'hui encore. Les premières balles de golf étaient en cuir et remplies de plumes, et ce n'est qu'en 1901 que la balle de latex fit son apparition. Vous pourrez voir de superbes clubs datant du XVIIe siècle et d'autres reliques historiques du noble sport au musée du Golf de Spalding, à Camperdown Park (Dundee).

Les sports

Certains ne viennent en Ecosse que pour s'adonner à un sport. Les possibilités de pratiquer les sports d'été sont nombreuses et, depuis quelques hivers, le ski rencontre un vif succès. Les agences de voyages, les Offices du Tourisme et les hôtels proposent des arrangements forfaitaires, le cas échéant familiaux, pour la pratique d'un sport particulier ou pour des programmes multi-sports.

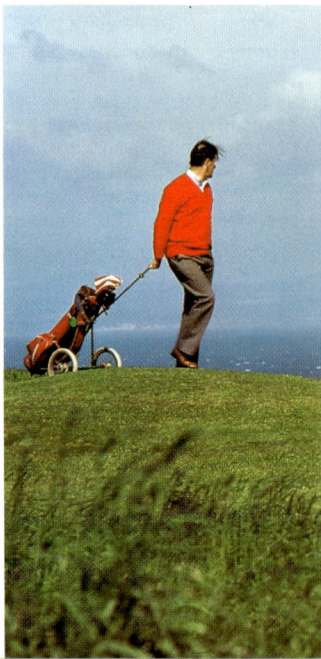

Le golf

Aussi écossais que le whisky et probablement meilleur pour la santé, le golf est une activité majeure que l'on peut pratiquer à très bon compte. Si vous choisissez votre hôtel ou votre arrangement de vacances avec soin, vous verrez qu'il est parfaitement possible de changer de terrain de golf chaque jour pendant une semaine, ou même deux (voir p. 114).

St Andrews, par exemple, a quatre parcours en propre et onze d'accès facile dans le nord-est du comté de Fife. Dans la région, on est fier de compter plus de golfs par tête d'habitant que n'importe où ailleurs dans le monde. Les visiteurs qui désirent à tout prix faire le parcours historique de l'Old Course, à St Andrews' Royal and Ancient Golf Club, la

Qu'il neige, qu'il pleuve ou qu'il vente, rien ne saurait empêcher l'Ecossais de pratiquer le golf.

patrie du golf, doivent s'inscrire au moins deux mois à l'avance ou tenter leur chance au *ballot* (tirage au sort) quotidien qui détermine quels joueurs pourront profiter d'absences ou d'annulations pour le jour suivant.

Parmi les autres terrains de premier ordre, on peut citer Carnoustie, Royal Troon, Turnberry et Gleneagles.

La pêche

Les rivières, les lochs et les eaux profondes au large des côtes offrent des possibilités de pêche sportive parmi les meilleures d'Europe. Le plus souvent, la pêche est gratuite ou très bon marché. Un permis de pêche général n'est pas nécessaire, un simple permis local suffit. Par contre, pour lancer une semaine durant votre ligne dans les eaux à saumon, vous devrez dépenser des centaines de livres et vous inscrire généralement un an à l'avance.

Les rivières Spey, Tay et Tweed sont réputées pour le saumon, la truite saumonée et la truite brune de rivière. On pêche généralement à la mouche; dans certains cas, la cuiller ou l'appât sont permis. Si vous voulez connaître la différence entre la pêche à la mouche sèche et la pêche à l'insecte, ou savoir comment

il convient de lancer sa ligne, vous trouverez partout dans le pays des spécialistes qui vous l'apprendront. (Voyez p. 120 pour de plus amples détails.)

La pêche à la truite est interdite du 7 octobre au 14 mars (par endroits, la période d'interdiction est même plus longue); pour la pêche au saumon au filet, l'interdiction va de fin août à février, et à la ligne, d'octobre à janvier ou février. La pêche aux poissons communs, tels la perche ou le brochet, se pratique toute l'année; elle est souvent excellente, en particulier dans les eaux méridionales.

Des parties de pêche en mer sont organisées dans bien des ports de la côte écossaise et des îles; vous pouvez également pêcher avec succès sur d'innombrables points de la côte. Il arrive que, dans le Nord, on ferre des raies et des flétans géants. De plus, le chien de mer, le maquereau, le congre et le lieu y abondent.

En bateau ou dans l'eau

Louez un canoë, un canot, un voilier ou un yacht et partez à la découverte des lochs, des estuaires et des côtes merveilleuses. Des écoles de voile organisent des cours pour débutants sur certains lochs et dans les îles de l'Ouest. Pour autant que vous puissiez prouver votre compétence, documents à l'appui, vous pourrez louer des bateaux plus importants sans capitaine, ou des navires avec équipage. Si vous voulez naviguer en groupe, inscrivez-vous à une croisière organisée sur le Loch Lomond, la Clyde ou le Loch Ness.

Les eaux paisibles du Loch Earn et du Loch Tay se prêtent bien au ski nautique. Pour la natation – il fait parfois très chaud en été – outre les piscines, vous disposerez de la mer! Les responsables vous mettront en garde contre les courants dangereux au large des côtes ouest.

La plongée sous-marine se développe rapidement en Ecosse, comme ailleurs dans le monde. Des centres de plongée sont établis sur la côte est, dans plusieurs lochs, sur les rives de Mull et d'autres îles.

Promenades, marche et varappe

Le sédentaire le plus endurci cèdera à l'appel du paysage. Dans les Highlands en particulier, des itinéraires de promenade et des excursions en plaine ou en montagne sont établis par des guides qui connaissent parfaitement les lieux et qui sont des naturalistes éprouvés. Vous pourrez même faire des

randonnées d'une semaine par les landes et les vallées; le prix forfaitaire comprend le logement et les repas. A Glen Coe et à Torridon, le National Trust organise des promenades accompagnées qui sont particulièrement belles et peu coûteuses.

Les grimpeurs trouveront cartes et guides dans les centres d'information situés près des principales montagnes telles que, par exemple, les Cuillins, sur l'île de Skye, et les crêtes découpées de l'île d'Arran. Ne manquez jamais de vous renseigner sur place pour connaître les conditions météorologiques et choisissez votre itinéraire de manière à rentrer avant la nuit. Surtout, ne partez jamais seul.

Equitation et randonnées à dos de poney

Les centres équestres (avec chevaux ou poneys) sont nombreux dans le pays. Vous pouvez monter à l'heure, à la demi-journée ou à la journée. Quelques centres offrent des arrangement forfaitaires pour une semaine, logement et repas compris, avec chaque jour une promenade différente. C'est une merveilleuse manière d'explorer le pays.

La chasse

Pour chasser le cerf, il vous faudra un permis de port d'armes (délivré par le bureau de police de la région où vous comptez chasser), un permis de chasse (délivré par les bureaux de poste locaux) et surtout, beaucoup d'argent. Certains hôtels et pensions disposent de droits de chasse privés, dont ils

font bénéficier leurs hôtes moyennant une finance journalière. La cervaison va du 1er juillet au 20 octobre et la saison pour le coq de bruyère du 12 août (le 12 glorieux) au 10 décembre.

Tennis et jeux de boules

Quelques-uns des meilleurs hôtels de campagne ont des tennis ; Edimbourg dispose de plus de 100 courts publics. Dans tout le pays, des terrains sont réservés aux jeux de boules et au *pitch-and-put*, une sorte de minigolf. Quant au curling, que l'on peut décrire comme un jeu de boules sur glace, il est pratiqué en Ecosse depuis 400 ans au moins.

Le ski

Les trois régions d'Ecosse bien organisées pour recevoir les skieurs, Cairngorm, Glenshee et Glen Coe, sont équipées en télésièges et remonte-pentes ; leurs possibilités d'accueil sont en plein essor.

89

Les achats

Les moutons répandus dans l'ensemble du pays sont à la base d'un grand nombre des meilleurs et des plus célèbres produits d'Ecosse. Mais quantité d'autres choses vous tenteront, spécialités que vous risquez bien d'avoir consommées avant d'être rentré chez vous.

Les magasins sont généralement ouverts de 9 à 17 h 30 du lundi au vendredi, ainsi que le samedi matin, si ce n'est toute la journée. Renseignez-vous cependant, car certains jours, et surtout dans les petites villes, les magasins ferment plus tôt.

Pour des achats importants, les visiteurs d'outre-mer ont intérêt à se renseigner dans les boutiques sur les modalités d'exportation qui permettent d'éviter le paiement de la

Biscuits au beurre, marmelades...
y a-t-il des limites à la tentation?

T.V.A. Le magasin se charge soit d'expédier les marchandises à votre domicile habituel, soit de vous le faire parvenir à l'aéroport au moment du départ (voir p. 107).

Les bons achats

La gamme des **articles de laine** écossais semble infinie. Outre les chandails en shetland, les écharpes, les jupes, les ensembles et les complets, vous trouverez des couvertures en peau de mouton, des plaids

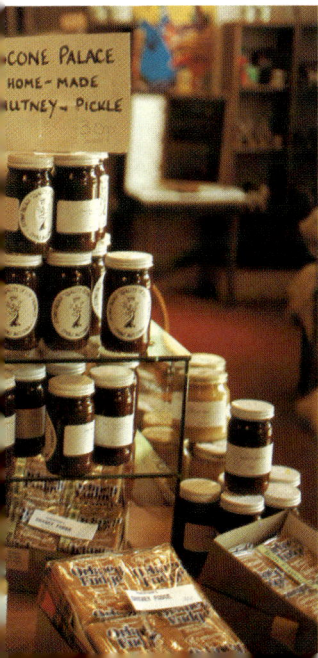

de laine, des tenues de soirée des Highlands pour hommes (kilts aux couleurs des clans, accompagnés de vestons prince Charles ou jacobites), des vestes d'hiver à capuchon de style nordique, des pantoufles en peau de mouton, des housses de sièges en fourrure et des peaux de daim. Bien des magasins sont spécialisés dans la confection de kilts sur mesure. Le Harris tweed (des Hébrides extérieures) et le cachemire sont toujours très en vogue.

Un achat original : le **daim** sous la forme d'une blague à tabac.

Il existe divers modèles de **cristaux** faits main en Ecosse : Edinburgh Crystal, Stuart Crystal et Caithness Glass, qui portent le chardon ou l'étoile caractéristique. Le Scottish Craft Centre, situé sur le Royal Mile, à Edimbourg, vend ce qui se fait de mieux en matière d'**artisanat.** Mais vous trouverez également un large choix à la boutique du Highlands & Islands Development Board d'Inverness.

Voyez aussi les inclusions sous résine *(heather gems),* en vente dans les boutiques d'artisanat. Bruyère et algues sont utilisées pour la fabrication de savons et de parfums.

Dans les Orcades et les Shetlands, on réalise de beaux **91**

objets en argent: leurs motifs s'inspirent de la mythologie nordique. Admirez aussi la **poterie de grès** et la **poterie vernissée** venant du nord du pays, ainsi que les **objets en verre** d'Oban. Certaines **pierres peintes à la main** sont très décoratives et peu coûteuses. Quant aux **cartes à jouer** inspirées de motifs historiques écossais, elles semblent trop belles pour le jeu.

Des **cornemuses?** Rien qu'à Edimbourg, on en vend dans une bonne demi-douzaine de magasins!

Les galettes d'avoine *(oatcakes)*, les fondants *(fudge)* des Orcades et d'ailleurs, les biscuits et les caramels au beurre *(shortbread, butterscotch)* et tout un choix étonnant de **confiseries d'Ecosse** seront pour vous des souvenirs mémorables, mais hélas périssables. Une sorte de «sucre d'orge» *(Edinburgh rock)* se présente comme un bâton très doux de couleur rose, blanche, mauve ou orange. L'achat de **marmelade d'oranges**, dans son pays d'origine, s'impose: vous en trouverez même parfumée au whisky.

Le **whisky écossais** n'est probablement pas moins cher qu'ailleurs, mais vous disposerez d'un choix de marques si étendu qu'il vous surprendra.

La vie nocturne

Si l'Ecosse offre aux sportifs de longs crépuscules estivaux, les moins athlétiques bénéficieront aussi de tout un choix d'activités nocturnes.

Edimbourg est, toute l'année, le cadre de manifestations musicales, littéraires et théâtrales, mais le **Festival international** qui dure trois semaines, d'août à septembre, est incomparable par la richesse de son programme (louez vos places à l'avance).

Dans toute l'Ecosse, des **nuits folkloriques** appelées *ceilidhs* présentent des danseurs, des joueurs de cornemuse ou de violon et d'autres artistes locaux ou itinérants. Wick, Inverness et Kinross accueillent des festivals de folklore. Pitlochry, Mull, St Andrews, Braemar et Oban ont des **saisons théâtrales;** Aberdeen organise un festival international d'orchestres de jeunes; Stirling, une saison théâtrale, musicale et cinématographique; le pays de Burns, un festival Robert Burns et Glasgow, une saison de concerts-promenades.

Les **discothèques** de la capitale s'efforcent courageusement de rester dans le vent.

De même, les pubs proposent maintenant spectacles et nourriture en plus des boissons.

La table et les boissons

Une des surprises que vous réserve l'Ecosse, et non des moindres, est la cuisine.

Les meilleurs chefs font un usage excellent et souvent recherché des bons produits régionaux: truites et saumons frais, harengs, bœuf, gibier, coqs de bruyère, faisans, pommes de terre, framboises et bien d'autres fruits, sans oublier, bien sûr, la farine d'avoine qui est à la base de plusieurs plats locaux. On cite volontiers Samuel Johnson qui, après un voyage dans le Nord, disait de l'avoine: «c'est une céréale qu'en Angleterre on donne aux chevaux, mais qui en Ecosse fait vivre le peuple». Quand vous aurez dégusté du porridge, des galettes d'avoine, des harengs et du fromage passés à la farine d'avoine, vous serez heureux qu'il en soit ainsi.

La nourriture écossaise est souvent vigoureuse, elle aide à supporter les rigueurs du climat. Chaque fois que vous le pourrez, goûtez aux plats traditionnels, ils sont souvent délicieux et moins étranges que leurs noms ne le suggèrent parfois. Si vous cherchez des restaurants qui servent des **93** spécialités locales, l'enseigne du «pot-au-feu» vous aidera à les repérer; vous pouvez aussi consulter la liste des établissements affiliés au «Taste of Scotland» (le bon goût de l'Ecosse) éditée par l'Office du Tourisme.

Où manger et à quel prix
En règle générale, les hôtels et les pensions vous offriront des petits déjeuners abondants. Si vous visitez le pays, le mieux est d'envisager de pique-niquer à midi, les restaurants au bord des chemins étant assez clairsemés. Pour les repas du soir, en dehors des grands centres, les meilleurs restaurants sont dans les hôtels (en été, il est recommandé de réserver sa table).

Heures des repas: hors de ville, les repas sont habituellement servis de 12 h 30 à 14 h et de 19 à 21 heures. Le *high tea* (goûter copieux), qui est souvent un repas en soi, est normalement servi de 16 h 30 à 18 h 30.

De manière générale, les tarifs des restaurants sont comparables, ou légèrement inférieurs, à ceux pratiqués de l'autre côté de la frontière. Mais certains établissements, conscients de la brièveté de la saison, n'hésitent pas à pratiquer des prix prohibitifs. D'au-

tant, qu'à la note, viennent s'ajouter la TVA de 15% et le service de 10%!

Le petit déjeuner – le poisson fumé
Le petit déjeuner est normalement inclus dans le prix de la chambre. Le porridge à

l'avoine, salé, est servi avec de la crème ou du lait (la demande de sucre vous attirera un froncement de sourcils), et l'Ecosse étant ce qu'elle est, c'est une excellente mise en train pour la journée estivale ou hivernale. A part les éléments standard du petit déjeuner britannique tels que fruits et jus de fruits, œufs, saucisses, lard grillé (bacon), toasts, petits pains (ils *devraient* être chauds), confitures et marmelades, les harengs fumés apportent une touche originale au *breakfast*.

Tâtez d'un bon restaurant à la campagne, vous ne le regretterez pas.

Les spécialités à base de poisson fumé sont présentées à n'importe quel repas. Les fameux *Arbroath smokies* sont du haddock (aiglefin) salé et fumé au bois de bouleau ou de chêne. Le *Finnan haddock* (ou *haddie*) est salé et fumé à la tourbe. Le pâté de hareng, le saumon fumé, la truite et le haddock sont devenus des entrées classiques dans les bons restaurants.

Les soupes

Les soupes traditionnelles ont toutes un succès considérable. Essayez :

le *cock-a-leekie*, un bouillon bien assaisonné à base de volaille et de poireaux avec, parfois, une adjonction de prunes et d'oignons ; consommé depuis plus de 400 ans, il a été élevé au rang de soupe nationale ;

le *partan bree*, un potage à la crème de crabe ;

le *scotch broth*, un bouillon de légumes divers, d'orge, avec du mouton ou du bœuf ;

le *cullen skink*, un bouillon de haddock fumé avec du lait, des oignons et des pommes de terre ;

la soupe de Lorraine, une crème de volaille avec des amandes, de la muscade et du citron ; ce potage doit son nom à Marie de Guise-Lorraine,

mère de Marie Stuart, qui l'aurait introduit en Ecosse ;

la soupe à l'avoine *(oatmeal soup)*, avec de la crème, des oignons, des poireaux, des carottes et des navets.

Les plats de résistance

Le saumon, ce prince des rivières et des lochs, sera servi chaud, avec une sauce hollandaise, ou froid, à la mayonnaise. La truite saumonée est souvent cuite au four et servie avec une sauce hollandaise. Quant à la truite, on peut, au choix, la griller, la frire ou la pocher et l'accompagner de citron. Signalons que le prix du poisson a beaucoup augmenté ces derniers temps. Il n'est pas rare qu'au restaurant, on doive le payer plus cher que la viande.

L'Ecosse est encore très giboyeuse. Dès l'ouverture de la chasse, après le «glorieux 12» du mois d'août, le coq de bruyère apparaît sur les menus. Très recherché mais coûteux, il est habituellement servi rôti ou en croûte.

Il semble naturel qu'avec quelque 300 000 cerfs courant la campagne, le gibier soit monnaie courante ici. On vous proposera aussi du faisan, de la pintade, des cailles ou du lièvre. Les terrines et les pâtés sont très appréciés, tout comme l'émincé et le gibier en croûte.

Le bœuf écossais est excellent. A la base des diverses sauces qui l'accommodent: le whisky. Le steak gaélique, par exemple, frotté d'ail, sauté avec des oignons, est arrosé de whisky en cours de cuisson. Le scotch est aussi utilisé pour la préparation de poissons et de crustacés, de volaille et de gibier. Un autre plat traditionnel, les *Forfar bridies*: ce sont des feuilletés fourrés de steak haché et d'oignons. Vous aurez peut-être la chance de tomber sur du bifteck aux oignons, avec une sauce de noix confites au vinaigre. Le veau est plutôt rare. Le mouton figure moins souvent au menu qu'on ne s'y attendrait. Mais lorsque l'on vous en sert, c'est généralement du rôti, du ragoût ou des côtelettes.

Le *haggis* ne mérite pas l'horrible réputation qu'on lui fait. Il s'agit d'une panse de mouton farcie d'un hachis d'abats, de farine d'avoine, d'oignons, de graisse de rognons de bœuf, le tout très épicé. Les associations écossaises du monde entier servent le *haggis* chaque année, le 25 janvier, lors de la «Burns Night», manifestation en l'honneur du poète. Le *haggis* est normalement accompagné de *chappit tatties* et de *bashed neeps,* des pommes de terre en purée et des navets. Dans les Orcades, cette préparation *(clapshot)* est relevée de poivre noir. Un puissant courant de pensée écossais milite en faveur de la consommation de whisky pour accompagner le *haggis*.

Les pommes de terre sont la fierté du pays. Vous entendrez beaucoup parler des *stovies,* des pommes de terre coupées en tranches et mijotées avec des oignons; on peut y ajouter des petits morceaux de viande. Vous tomberez peut-être aussi sur des *rumbledethumps,* un mélange de chou bouilli et de purée de pommes de terre, agrémenté parfois de ciboulette ou d'oignons et de fromage râpé. Il n'est pas nécessaire d'aller jusqu'à Caithness, tout au nord du pays, pour déguster le plat local de *tatties* (pommes de terre en robe des champs) et de harengs.

Les snacks, les goûters, le fromage et les desserts

Bien fait, le pain complet est un vrai régal, croustillant et couleur de sable. Les *scones* (pains au lait cuits en galettes), les *bannocks* (pains plats cuits sans levain), les *pancakes* (crêpes), les *baps* (petits pains au lait) et le *shortbread* (sablés) font partie du choix étendu que **97** vous offrent boulangeries et pâtisseries. Les galettes d'avoine, bien connues, sont délectables avec du beurre, du pâté, de la confiture ou du *crowdie,* variante écossaise et séculaire du fromage blanc.

Les œufs à l'écossaise sont durs, enrobés de chair à saucisses, et passés à la grande friture ; on les mange chauds ou froids, souvent avec de la salade. Le *woodcock* est un hachis d'œufs brouillés au beurre d'anchois, sur canapé de pain grillé.

Vous trouverez partout du *caboc,* un fromage blanc doux, enrobé de farine d'avoine. Un autre fromage blanc des Highlands, le *hramsa,* est parfumé à l'ail sauvage et aux herbes. Peut-être aurez-vous la chance de déguster deux espèces d'excellents cheddars écossais : le Mclelland, qui a mûri pendant une année, et le Dalbeattie blanc qui, lui, est meilleur après deux ans d'attente. Les fromages des Orcades, rouges, blancs ou fumés, sont d'un goût agréable. Le stuart blanc s'émiette, le stuart bleu pique un peu la langue. Le meilleur bleu d'Ecosse, le calédonien, n'est pas fabriqué en gros, mais il se peut que votre restaurateur ait des relations.

Au dessert, on vous offrira souvent des combinaisons de fromage et de baies rouges, ou de cerises noires et de crème à la vanille. Une spécialité très savoureuse, le *cranachan,* varie beaucoup suivant le chef qui la prépare ; elle est faite le plus souvent de farine d'avoine grillée, de crème, de rhum ou de whisky, de noix, de framboises ou d'autres fruits. Il vaut aussi la peine de goûter les tartes à la rhubarbe et au gingembre. Dundee, aujourd'hui capitale de la marmelade d'oranges amères, est également connue pour un *cake* aux fruits et un *crumble* (sorte de gâteau aux fruits).

Quant au whisky, vous le trouverez aussi bien dans votre salade d'oranges, vos pêches au sirop, vos mousses au chocolat, que dans les gâteaux mousseline et les soufflés.

Les boissons

Fort aimablement, l'Ecosse autorise la vente d'autres alcools que le whisky à l'intérieur de ses frontières. Les restaurants disposant d'une licence de vente ont une cave à vins ; le choix en est toutefois limité. Il est difficile de trouver du bordeaux ou du bourgogne mis en bouteilles en France, car la plupart des hôtels et restaurants du pays achètent leur vin à de grandes maisons d'importation qui mettent elles-mêmes en bouteilles en Grande-Bretagne. On vous proposera également des vins allemands, italiens, espagnols ou portugais de qualité moyenne, et presque toujours un vin rouge ou blanc de la maison, en carafe ou en verre, à des prix raisonnables.

L'Ecosse est fière de ses bières. Dans tous les pubs à la vieille mode, vous pourrez goûter le *half and half* ; il s'agit d'une mesure de whisky *(dram)* que l'on boit en même temps qu'une demi-pinte (environ 3 dl) de bière.

Une part considérable de folklore entoure la saga du whisky écossais, de sa distillation faite à l'eau pure des montagnes, en passant par l'arôme que donne la tourbe, jusqu'aux cinq siècles d'expérience qui débouchent sur la production actuelle. Mais on

Un Ecossais ne manquera jamais l'occasion de porter un wee toast.

dira ce que l'on voudra, et les nombreuses tentatives d'imitation le confirment: il n'y a qu'un seul vrai whisky, l'écossais.

Le mot whisky vient du gaélique *uisge beatha,* l'eau-de-vie. Il y a deux whiskies de base: pour l'un, le malt est distillé à partir de l'orge malté uniquement; l'autre est fait d'orge malté et de céréales (blé ou seigle par exemple). Le scotch vendu de nos jours est le plus souvent un mélange de whisky de malt et de whisky de céréales *(blended scotch).* Le vrai whisky de malt, plus robuste, est originaire des Highlands surtout; il a toujours eu la faveur des Ecossais mais, depuis peu, il trouve des adeptes dans le monde entier. Il y a plus de 2000 marques de scotch authentique.

Pour les puristes, le whisky de malt doit être bu pur ou avec de l'eau, mais jamais d'eau gazeuse, de limonade ou de *ginger ale* (boisson gazeuse au gingembre).

Une partie importante de l'opinon écossaise considère que le whisky consommé modérément est indiscutablement bon pour la santé et qu'il doit être gardé à portée de main; il n'est pas nécessaire, par contre, de le boire avant le petit déjeuner, ni pendant...

Après le repas: la variante écossaise de l'*irish coffee,* qui utilise, cela va de soi, du whisky exclusivement écossais, s'appelle un *tartan* ou un *gaélique.* Un *rusty nail* (clou rouillé), par allusion au clou de cercueil, comprend une mesure de whisky de malt et une de Drambuie. L'*earthquake* (tremblement de terre) est encore plus meurtrier: $\frac{1}{3}$ de whisky, $\frac{1}{3}$ de gin, $\frac{1}{3}$ d'absinthe. Un *scotch mist* (brume d'Ecosse) est fait de whisky, d'écorce de citron et de glace pilée, le tout bien mélangé. L'*atholl brose* est un whisky marié à de la farine d'avoine et à du miel de bruyère.

Le café et le thé correspondent ici à ce que l'on a l'habitude de trouver en Angleterre.

Remarque: les lois sur la consommation de l'alcool ayant subi quelques adoucissements, certains établissements restent ouverts de 11 heures à 23 heures. Si la plupart des pubs ferment le dimanche, les bars des hôtels, en revanche, sont le plus souvent ouverts. Dans ce cas, ils affichent une licence de vente d'alcool de sept jours. Les mineurs n'ayant pas atteint leur dix-huitième année ne sont pas autorisés à consommer de l'alcool dans les établissements détenteurs d'une licence.

Pour vous faire servir...

Pourrions-nous avoir une table?	**Could we have a table?**
Y a-t-il un menu du jour?	**Do you have a set menu?**
L'addition s'il vous plaît.	**The bill please.**

J'aimerais...   **I'd like...**

bière	**beer**	pommes de terre	**potatoes**
café	**coffee**	riz	**rice**
carte	**menu**	sel	**salt**
couverts	**cutlery**	serviette	**napkin**
eau (fraîche)	**(iced) water**	sucre	**sugar**
fruit	**fruit**	thé	**tea**
lait	**milk**	verre	**glass**
pain	**bread**	viande	**meat**
poisson	**fish**	vin	**wine**

...et pour lire le menu

apple	pomme	**lettuce**	laitue
broth	potage	**muffin**	sorte de brioche
bun	petit pain au lait	**mushrooms**	champignons
cabbage	chou	**mussels**	moules
cauliflower	chou-fleur	**oyster**	huître
cheese	fromage	**pastry**	pâtisserie, pâte
chicken	poulet	**peach**	pêche
chop	côtelette	**pear**	poire
duck	canard	**pie**	tarte recouverte
eggs	œufs		de pâte
fish and chips	filets de poisson	**prawns**	crevettes
	frits avec frites	**rabbit**	lapin
fools	crèmes aux	**salmon**	saumon
	fruits	**scones**	pains au lait
game	gibier	**seafood**	fruits de mer
gammon	jambon chaud	**steak and**	croustade (bœuf
grape	raisin	**kidney pie**	et rognons)
green beans	haricots verts	**stew**	ragoût
green peas	petits pois	**strawberries**	fraises
ham	jambon	**trout**	truite
jelly	gelée aux fruits	**turkey**	dinde
lamb	agneau	**veal**	veau
lemon	citron	**venison**	chevreuil

BERLITZ-INFO

Comment y aller

PAR AIR (vols réguliers)

Au départ de la Belgique. *Bruxelles–Edimbourg:* les deux capitales
bénéficient d'une ou deux liaisons quotidiennes en 1 h 30 ou 2 h 2[...]
Bruxelles–Glasgow: ces villes sont reliées une ou deux fois par jour av[...]
escale à Edimbourg (en 2 h 20 ou 3 h 10). *Bruxelles–Aberdeen:* il exis[...]

plusieurs vols par jour *via* Londres (compter 3 h 30 à 5 h 10 de voyage) et un ou deux vols *via* Amsterdam (en 3 h 30 ou 4 h 25 selon les jours).

Au départ du Canada (Montréal). A défaut de liaison directe, vous transiterez par Amsterdam (en 10 h pour Edimbourg ou Glasgow et en 11 h pour Aberdeen) ou Londres (en 9 h pour Edimbourg ou Glasgow et en 10 h pour Aberdeen).

Au départ de la France. *Paris–Edimbourg:* chaque semaine, la liaison est effectuée neuf fois (en 1 h 40) et une ou deux fois par jour *via* Birmingham (en 3 h). *Paris–Glasgow:* vous avez jusqu'à trois vols par jour (en 1 h 40). *Paris–Aberdeen:* il existe six vols hebdomadaires *via* Glasgow (en 3 h). *Province–Ecosse:* gagnez d'abord Paris ou Londres.

Au départ de la Suisse romande. Genève est reliée plusieurs fois par jour à Edimbourg (*via* Londres en 4 h 10 ou 4 h 55, et *via* Amsterdam en 3 h 55 ou 4 h 40), à Glasgow (*via* Londres en 4 h 10 ou 5 h 25, *via* Amsterdam en 4 h ou 4 h 45, et *via* Manchester en 4 h) et à Aberdeen (*via* Londres en 4 h 10 ou 6 h 45, ou *via* Amsterdam en 4 h 40 ou 5 h 30).

Tarifs spéciaux. *Au départ de la Belgique:* étudiez les avantages qu'offrent les tarifs BUDGET, PEX, SUPER PEX et APEX, tous valables trois mois, et «spécial jeunes» pour les moins de 26 ans. *Au départ de la France:* vous aurez le choix entre tous les tarifs cités ci-dessus, hormis le tarif PEX; les personnes de plus de 65 ans ont en outre droit au tarif SUPER PEX SENIOR, valable deux mois. *Au départ de la Suisse:* vous sont proposés les tarifs PEX, SUPER PEX, APEX, SUPER APEX, tous valables six mois, ainsi que le tarif «excursion», valable trois mois. *Au départ du Canada:* outre les tarifs SUPER ADVANCE PURCHASE EXCURSION FARE, PEX et SUPER APEX, tous trois valables de sept jours à trois mois, vous avez le tarif APEX, valable de sept jours à six mois. A partir de 62 ans, vous avez droit aux tarifs APEX SENIORS et SUPER APEX SENIORS, valables de sept jours à un an.

Des charters aux voyages organisés

Les charters ne desservent généralement pas l'Ecosse, mais Londres. Il existe toutefois, en saison, un vol Zurich–Edimbourg. Du Canada, vous pouvez bénéficier du vol charter New York–Prestwick. Les offres sont en principe liées à diverses prestations (hébergement, voiture, etc.).

PAR ROUTE (voir aussi Traversée de la Manche)

Au départ de Bruxelles. Le mieux est sans doute de gagner Ostende, où vous embarquez pour Douvres; de là, par autoroute à Londres et à Leeds, puis par route à Newcastle et Edimbourg.

Au départ de Paris. Vous ralliez Calais (autoroute jusqu'à Nordausques), traversez le *Channel* entre Calais et Douvres; de là, par autoroute à Londres et à Leeds, puis par route à Newcastle et Edimbourg.

Au départ de Genève. Rejoignez à Paris l'itinéraire précédent.

PAR FER (et par mer)

Au départ de Bruxelles. Il existe des liaisons Bruxelles–Londres *via* Calais (en 9 h) ou Ostende (en 8 h 30).

Au départ de Paris. Il n'y a plus de voitures directes. En allant prendre l'aéroglisseur à Boulogne, vous mettez 5 h 30. Avec les *ferries* normaux, comptez 7 h 30 (*via* Calais) ou 9 h (*via* Dieppe).

Au départ de la Suisse. Il n'existe pas de relation directe entre Genève, Lausanne ou Bâle et Calais, Boulogne ou Ostende.

Londres–Ecosse. Le trajet Londres–Edimbourg est couvert en 4 h 45; Londres–Glasgow l'est en 5 h 10 et Londres–Aberdeen en 7 h 30. Trains autos couchettes entre Londres et Aberdeen, Edimbourg et Inverness.

Les cartes *Eurailpass, Eurail Youthpass* et *Inter-Rail* sont valables sur les chemins de fer britanniques, de même que les cartes *Rail Europ Seniors* et *Rail Europ Familles*. Attention, le *BritRail Pass* (1re ou 2e cl) n'est pas vendu en Grande-Bretagne. Le *Travelpass*, enfin, permet de parcourir librement l'Ecosse en train, en car et en *ferry*.

Traversées de la Manche. Quelques lignes: Calais–Douvres (de 8 à 16 services par jour, en 1 h 30 ou en 35 min par l'aéroglisseur). Boulogne–Douvres (de 4 à 16 services par jour, en 35 min). Boulogne–Folkestone (jusqu'à 8 services par jour, en 1 h 45). Cherbourg–Le Havre–Portsmouth, Ostende–Douvres (plusieurs services par jour, en 3 h 45).

Quand y aller

Nous vous conseillons de visiter l'Ecosse, si possible, en mai ou en juin. Fin juin, les journées durent jusqu'à 20 h dans l'extrême Nord. Juillet et août sont assez frais et pluvieux. Malgré le temps plutôt humide, septembre et début octobre vous paraîtront fort agréables.

	J	F	M	A	M	J	J	A	S	O	N	D
Temp. (°C)	3	3	4	7	10	13	15	14	12	9	6	4
Pluie (cm)	7	5,5	5	4,3	6,5	5	8	8,3	6,8	8,3	7,3	6

Pour équilibrer votre budget...

Bien que, dans l'ensemble, la vie s'avère encore avantageuse en Ecosse, l'inflation n'en est pas moins vive. Aussi les indications de prix que nous vous donnons n'ont-elles qu'une valeur indicative.

Achats. Tartan (pure laine) £20 le mètre, tweed £10–70 le mètre, véritable kilt £100–140 (jupe plissée £25–30), sweater de Fairisle (shetland) £30–35, pull en laine (lambswool) £25–30.

Aéroports. *Edimbourg:* en bus £2,80, en taxi £10. *Glasgow:* en bus £2, en taxi £8,50. *Prestwick:* en bus (compagnie aérienne) jusqu'à Edimbourg £5, jusqu'à Glasgow £2,50.

Autocars, autobus. Edimbourg–Glasgow £3,70 (£5,30 aller–retour). Glasgow–Portree (Skye) £13,80 (£18 aller–retour). *Edimbourg:* autobus urbains 40–60 p environ.

Camping. £10–12 par nuit pour une famille avec deux enfants.

Coiffeurs. *Dames:* shampooing et mise en plis £6–8, coupe £7–8, coupe et mis en plis £12–15, permanente £28–30. *Messieurs:* shampooing et coupe £6–8.

Discothèque. *Edimbourg:* entrée £2,50–7 (en moyenne £5).

Gardes d'enfants. £2 l'heure (£3 à partir de minuit).

Hôtels et logement. *Hôtel:* chambre double avec bains et petit déjeuner £20–30 par personne. *Pension:* chambre sans bains £12–20 par personne. *B&B:* chambre sans bains £10–15 par personne. *Auberge de jeunesse:* £6–8 (membres), £8–9,50 (non-adhérents), petit déjeuner £2.

Repas et boissons. Déjeuner dans un pub ou un café £4, repas au restaurant avec vin £15, pinte de bière £1,60, petit verre de whisky £1,10.

Taxis. Prise en charge et premiers 670 *yards* (600 m) £1, plus 80 p le *mile*.

Trains (aller–retour en 2e cl.). Edimbourg–Inverness £26, Glasgow–Wick £38,50, Londres–Edimbourg £57 (£67 le vendredi). Abonnement de train *Freedom of Scotland* £67 pour 7 jours, £105 pour 15 jours.

Location de voitures (compagnies internationales). *Ford Fiesta* £23 par jour (assurance non comprise, TVA comprise) ou £138 par semaine avec kilométrage illimité (assurance et TVA comprises). *Vauxhall Cavalier (Opel Vectra)/Peugeot 405* £30 par jour ou £180 par semaine avec kilométrage illimité (assurance et TVA comprises).

Location de bicyclettes. £7–10 par jour, £35–40 par semaine.

Visites (musées, châteaux). La visite de la plupart des musées est gratuite. Châteaux et jardins £2–4 (réduction pour les enfants).

Informations pratiques classées de A à Z pour un voyage agréable

Un équivalent en anglais (souvent au singulier) figure après les titres importants. Certaines rubriques sont d'autre part suivies d'expressions clefs de nature à vous tirer d'embarras, le cas échéant.

A **AEROPORTS** *(airport).* Outre ses quatre aéroports principaux – Glasgow, Prestwick, Edimbourg et Aberdeen –, l'Ecosse compte quelque 25 aérodromes dispersés dans tout le pays.

L'**aéroport de Glasgow,** situé à Abbotsinch, à une quinzaine de kilomètres du centre, accueille la plupart des vols transatlantiques, européens et long-courriers intercontinentaux. On y trouve tous les services habituels: bureau d'information touristique, service de logement, boutiques hors-taxes, etc. Que ce soit en taxi ou en autobus (ce dernier quitte la station d'Anderston Cross toutes les 20 à 30 minutes), le trajet de l'aéroport à la ville dure 20 minutes.

L'**aéroport de Prestwick,** à environ une heure de Glasgow (45 km), accueille des vols intérieurs réguliers ainsi que des vols européens et des charters transatlantiques. Relié à Glasgow et à divers endroits en Ayrshire par des services de bus, de trains ou de taxis, cet aéroport est doté des mêmes installations que celui de Glasgow. De plus, si cela peut vous rassurer, sachez que Prestwick est moins souvent dans le brouillard qu'aucun autre aéroport en Europe (moins de 11 heures par an).

De l'**aéroport d'Edimbourg,** qui accueille des vols européens et des charters transatlantiques, on peut se rendre en autobus jusqu'au terminal de Waverley Bridge, en plein centre; le trajet dure 30 minutes et un service est assuré toutes les demi-heures. Si vous préférez prendre un taxi, rendez-vous à la station située devant le hall d'arrivée.

L'**aéroport d'Aberdeen,** qui dessert principalement la Grande-Bretagne et l'Europe, est à 12 kilomètres de la gare. En bus ou en taxi, la distance est couverte en 35 minutes environ. Doté, lui aussi, de tous les équipements modernes, il dispose en plus d'un héliport.

Quant aux autres aérodromes, ils sont desservis par Loganair, compagnie aérienne écossaise pour les lignes intérieures.

ARGENT

Unité monétaire *(currency).* L'unité monétaire est la livre sterling *(pound sterling,* en abrégé *£),* divisée en 100 pence (en abrégé *p,* prononcer *pi).*

Pièces: 1, 2, 5, 10, 20 et 50p; £1 et 2.
Billets: £5, 10, 20, 50 et 100.

L'Ecosse émet des billets de banque qui sont parfois refusés en Angleterre (jamais dans les banques, toutefois); les coupures anglaises, en revanche, sont acceptées indifféremment dans l'un et l'autre pays.

La pièce de 2 shillings et celle de 10p, identiques en taille et valeur, sont en cours de remplacement par une nouvelle pièce de 10p, plus petite.

Banques et bureaux de change *(bank; currency exchange office).* Rendez-vous dans une banque (voir HORAIRES) pour changer votre argent liquide ou vos chèques de voyage, car les bureaux de change, les hôtels et les magasins n'offrent que rarement un taux favorable.

Chèques de voyage *(traveller's cheques).* Emis par les grandes banques, ils sont acceptés pratiquement partout en Ecosse. N'oubliez pas de présenter votre passeport lorsque vous désirerez les endosser.

Cartes de crédit *(credit cards).* Elles peuvent être utilisées dans les hôtels, les restaurants, les stations-service et les magasins qui affichent le symbole des cartes qu'ils honorent.

Taxe à la valeur ajoutée *(Value Added Tax).* Ordinairement, les marchandises et les services sont frappés d'une TVA de 15% *(VAT).*

En tant qu'étranger, vous pouvez échapper à cet impôt; la procédure de détaxe, cependant, n'est pratiquée que par certains grands magasins et quelques boutiques spécialisées et, à moins que le montant engagé ne soit important, le jeu n'en vaut guère la chandelle. Mais si les démarches ne vous font pas peur, vous aurez le choix entre trois solutions: 1) le magasin expédiera directement vos achats à votre adresse à l'étranger; 2) le magasin les enverra à votre port d'embarquement (solution impossible si vous voyagez en avion); 3) vous emporterez vos acquisitions, mais demanderez au magasin un formulaire ad hoc que vous présenterez à la frontière; le douanier enverra ce document estampillé au magasin, qui vous remboursera ultérieurement le montant de la TVA. Si vous résidez dans un pays de la CEE, vous devrez reprendre ce formulaire pour le présenter également à la douane de votre pays, où vous vous acquitterez de la taxe locale imposée sur ces mêmes marchandises. De là, le processus suivra son cours: envoi du document au magasin, etc. Patience, patience, donc!

B **BLANCHISSERIE et NETTOYAGE A SEC** *(laundry ; dry cleaning)*.
Même si de nombreux hôtels peuvent proposer à leurs clients un service
de blanchissage et de nettoyage à sec, vous aurez avantage à vous rendre
dans une laverie automatique ou au pressing. Il en existe dans la plupart
des villes écossaises. Profitez, pour quelques sous de plus, du *Service
wash* que proposent souvent les laveries. Vous déposez votre linge et
revenez le prendre quelques heures plus tard, lavé, séché et souvent plié
(mais pas repassé). Quelques entreprises de nettoyage à sec réussissent
à fournir un service express qui devrait prendre moins d'une demi-
journée, même en saison touristique. Généralement fermés le
dimanche, ces établissements suivent les horaires habituels des autres
commerces (voir HORAIRES).

C **CAMPING et CARAVANING.** Au nombre toujours grandissant de
visiteurs, l'Ecosse offre plus de 600 terrains de camping classés. Les
mieux équipés sont dotés de douches chaudes, de prises pour rasoir,
de toilettes tout-à-l'égout et d'installations permettant les opérations
de blanchissage. Ils comportent aussi des magasins et des salons de thé.
Certains proposent même des pistes balisées, des sentiers forestiers et
offrent la possibilité de jouer au golf. Cependant, tous les terrains ne
sont pas aussi bien équipés et il arrive qu'ils ne puissent accueillir qu'un
nombre restreint de campeurs.

   La Forestry Commission propose quelques-uns des plus beaux
emplacements existants, décrits dans une petite brochure qu'elle dis-
pense gratuitement (voir plus bas).

   Il y a trois terrains de camping à Edimbourg même et cinq aux
alentours, ces derniers étant tous d'accès facile. Loch Lomond dispose
également de quelques terrains auxquels on accède sans problème
depuis Glasgow. Ne prenez pas le risque de camper sur le terrain
d'autrui sans autorisation, car vous encourrez le risque d'être poursuivi.

   Ecrivez, ou adressez-vous directement, à la représentation dans
votre pays du Secrétariat d'Etat au Tourisme, la British Tourist
Authority (voir OFFICES DU TOURISME), qui vous dira comment obtenir
le fascicule intitulé *Scotland : Caravan and Camping Sites*.

   Si vous désirez recevoir la brochure *Forestry Commission Camping
and Caravan Sites,* demandez-la à l' :

Information Branch, Forestry Commission, 231 Corstophine Road,
Edimbourg EH12 7AT.

CARTES ROUTIERES et PLANS *(maps)*. A l'exception des plans
108 de villes distribués par les bureaux locaux d'information, vous ne

bénéficierez d'aucune carte gratuite qui soit d'un grand intérêt touristique. Par contre, il en existe une grande sélection, en vente dans les Offices du Tourisme, les papeteries et les boutiques de souvenirs. Les *Ordnance Survey Maps* (éditées sous la responsabilité du gouvernement) sont les cartes les plus détaillées et les plus pratiques pour les promeneurs. Certaines cartes routières signalent les sites touristiques les plus importants d'Ecosse.

Les cartes des clans, des tartans, du whisky, les itinéraires de Robert Burns, etc., ont la particularité d'être des plus farfelus. La carte émise par la Forestry Commission, *See Your Forest, Scotland*, donne de nombreuses informations sur les promenades en forêt, sur la pêche, sur les randonnées à cheval, sur les coins à pique-niques, sans compter bien d'autres renseignements intéressants. La Countryside Commission, enfin, propose de bonnes cartes utiles aux amateurs de grande randonnée.

Les cartes de ce guide ont été réalisées par Falk-Verlag (Hambourg).

CIGARETTES, CIGARES, TABAC *(cigarettes, cigars, tobacco).* Si vous fumez, profitez de votre déplacement pour vous approvisionner dans une boutique hors taxes (voir FORMALITÉS D'ENTRÉE ET DOUANE), car le prix du tabac dans le Royaume-Uni est l'un des plus élevés du monde. Lorsque vous achèterez des cigarettes, n'oubliez pas d'en préciser la quantité. Elles apparaissent en effet en paquet de 10 ou 20.

«Thank you for not smoking» (Merci de ne pas fumer); cette demande symbolique de notre époque figure très souvent dans les lieux publics, en particulier dans les châteaux, musées et restaurants. Tous les bus sont pourvus d'une section vouée aux fumeurs.

Soyez très prudent à la campagne; évitez de jeter allumettes, mégots ou cendres de pipe. Chaque année, l'Ecosse est en partie défigurée par de graves incendies!

Un paquet de cigarettes/une boîte d'allumettes, s'il vous plaît.	**A packet of cigarettes/a box of matches, please.**
avec/sans filtre	**filter-tipped/without filter**

COIFFEURS *(hairdresser).* Dans quelque ville que ce soit, vous n'éprouverez aucune difficulté à vous faire laver et couper les cheveux, ni à vous faire faire un brushing ou une permanente. (Voir aussi POURBOIRES.)

shampooing et mise en plis	**shampoo and set**
shampooing et brushing	**shampoo and blow-dry**
une coupe	**a haircut**

C **CONDUIRE EN ECOSSE.** Pour pénétrer sur le sol écossais, munissez-vous: de votre permis de conduire, du permis de circulation du véhicule (carte grise) et d'une attestation d'assurance. La ceinture de sécurité est obligatoire.

Conditions de circulation. Les rapports de police attestent d'un nombre croissant de voitures étrangères accidentées sur les routes d'Ecosse; généralement, le conducteur oublie de «tenir sa gauche». En fait, dans certaines régions, la conduite demande beaucoup d'attention et de patience. Car bien des routes secondaires, sinueuses et cahoteuses, ne possèdent qu'une seule voie, qui s'élargit de temps en temps pour permettre aux automobilistes de se doubler ou de se croiser. Evidemment, ces places d'évitement ne doivent pas servir de parking, même pour admirer le paysage. Parmi les obstacles «typiques», signalons les moutons et les troupeaux, en particulier sur les petites routes, ainsi que les véhicules agricoles. La signalisation est excellente, mais une bonne carte routière vous sera souvent bien utile.

Limitations de vitesse. Dans les agglomérations, la vitesse est limitée à 50 ou 65 km/h (30 ou 40 mph), sur les routes principales à 100 km/h (60 mph) et sur les autoroutes à 110 km/h (70 mph).

Parking. Dans les localités importantes et les bourgades, le temps de stationnement est fixé par des parcmètres (pièces de 20p) ou des distributeurs de tickets (jusqu'à 50p).

Carburant. A la pompe, on achète l'essence soit au gallon impérial (4,5 l), soit au litre. L'indice d'octane est de 97 pour le super (essence à 4 étoiles); les utilisateurs d'essence sans plomb (unleaded petrol) n'auront aucune peine à en trouver. La plupart des stations-service sont des self-services – dans les régions reculées, ayez un œil sur votre réservoir, car celles-ci se font rares.

Réparations. La plupart des localités ont au moins un garage qui se charge des réparations, mais il risque d'être surchargé en été. Les membres d'associations automobiles affiliées à l'Automobile Association (AA) ou au Royal Automobile Club (RAC) bénéficient d'un service efficace et rapide en cas de panne.

RAC – Service de dépannage dans toute l'Ecosse, tél. (031) 228 39 11.

Boire et conduire. Si vous êtes tenté de boire plus d'une gorgée de whisky ou une petite chope de bière, vous avez intérêt à ne pas prendre le volant. Les mesures de répression sont dures: lourde amende, retrait de permis, emprisonnement. Attention: la loi est strictement appliquée!

Signalisation routière. La plupart des signaux routiers utilisés en Ecosse sont conformes à l'usage européen. Certains conducteurs seront peut-être un peu désorientés par les marques (flèches et autres signes) peintes en blanc sur la chaussée des routes de campagne; ces directives sont parfois doublées de poteaux indicateurs standard. A l'entrée des villes, un panneau donne les distances, en *miles*, qui séparent la localité dans laquelle on arrive de la suivante, et de celle qui précède.

Voici, inscrites sur les panneaux routiers, quelques indications qui pourraient vous être utiles:

Carriageway	Chaussée
Clearway	Défense de stationner
Give way	Cédez le passage
Level crossing	Passage à niveau
Motorway	Autoroute
No overtaking	Défense de doubler

Permis de conduire (international)	**(International) Driving Licence**
permis de circulation du véhicule	**car registration papers**
carte verte	**green Card**

Sommes-nous sur la route de...?	**Are we on the right road to...?**
Le plein, s'il vous plaît.	**Full tank, please.**
Veuillez vérifier l'huile/ les pneus/	**Check the oil/tyres**
la batterie, s'il vous plaît.	**battery, please.**
Ma voiture est en panne.	**I've had a breakdown.**
Il y a eu un accident.	**There's been an accident.**

CONSULATS *(consulate)*. Toutes les ambassades sont à Londres mais de nombreux pays ont un consulat en Ecosse. Vérifiez leurs horaires par téléphone.

Voici quelques adresses de consulats de pays francophones:

Belgique: c/o M Boyd Jameson & Joung, 89 Constitution Street, Edimbourg; tél. (031) 554 33 33
John Scott Shipping, 91 Mitchell Street, Glasgow; tél. (041) 248 50 50

France: 11 Randolf Crescent, Edimbourg; tél. (031) 225 79 54

Suisse: Sunley Tower, 24e étage, Piccadilly Plaza, Manchester; tél. (061) 236 29 33

C   **COURANT ELECTRIQUE** *(electric current)*. Certains de vos appareils électriques auront peut-être besoin d'un transformateur, car le pays est équipé en 240 volts, 50 Hz.

D   **DECALAGE HORAIRE.** Comme tout le Royaume-Uni, l'Ecosse vit à l'heure du méridien de Greenwich (GMT). En été, d'avril à octobre, les horloges sont avancées d'une heure (GMT + 1), comme sur presque tout le continent. Il est utile de savoir que les Britanniques désignent les heures du matin par les lettres a.m. *(ante meridiem)* et celles de l'après-midi par les lettres p.m. *(post meridiem)*. Ainsi, 10 h s'écrit 10 a.m. et 15 h 3 p.m.

DELITS. Comparativement bas par rapport à ceux des autres pays, le pourcentage des délits augmente, malheureusement, en Ecosse. La police est là pour témoigner que les vols de voitures et les cambriolages de véhicules (d'ailleurs généralement dus à l'imprudence) gâchent bien des vacances.

Ne laissez jamais d'objets de valeur en évidence et, à l'hôtel, confiez-les au coffre-fort de l'établissement. N'oubliez pas de fermer votre caravane à clé et ne laissez ni sac ni radio près d'une fenêtre ouverte, même si vous restez dans les parages.

E   **EAU** *(water)*. Tout Ecossais qui se respecte vous dira que l'eau la plus pure et la meilleure de la terre est celle qui provient des ruisseaux, des sources, des lacs de son pays natal. Les propriétés de l'eau, dont les effets sont carrément magiques dans la vallée du Spey, sont en fait essentielles à la distillation de l'eau-de-vie régionale, le whisky.

Pourtant si vous y tenez absolument, vous pourrez commander des bouteilles d'eau minérale, pour la plupart des marques françaises, dans quelques restaurants et magasins; mais elles sont chères!

ENFANTS. Ce n'est pas en Ecosse que les enfants auront le temps de s'ennuyer. Lorsqu'ils auront fait le tour des châteaux hantés, des vestiges et des monstres préhistoriques, ils auront encore le choix entre de nombreuses possibilités.

Commençons par les musées: la visite à Edimbourg du *Museum of Childhood* (musée de l'Enfance) ou du *Wax Museum* (Musée de cire), effacera le désagrément d'une journée de pluie, à moins que la jeune **112** classe ne préfère le zoo.

A Glasgow, on pourra se rendre au Transport Museum (musée des Transports – voir p. 68 – les adultes auront la possibilité de combiner cette visite avec celle de l'Art Gallery and Museum toute proche – voir pp. 66–67).

Les amis de la nature auront l'occasion d'observer les animaux d'Ecosse dans leur milieu naturel. Parmi les nombreuses réserves, les trois plus remarquables sont: le Highland Wildlife Park, à Kincraig, près d'Aviemore (voir p. 61), la réserve du Loch of the Lowes, près de Dunkel (voir p. 46) et la réserve ornithologique de l'île de Handa (voir p. 64).

Les randonnées à dos de poney remportent un vif succès auprès de la plupart des petits enfants. Dans les endroits très fréquentés tels que les Trossachs, Aberfoyle, au cœur de l'Ecosse, les Borders (à la frontière de l'Angleterre), la région d'Aviemore, les îles d'Arran et de Skye, on organise des randonnées à cheval d'une demi-journée ou d'un jour entier (voir p. 88).

N'oubliez pas non plus les Jeux des Highlands *(Highland Games)*, joutes sportives hautes en couleur (voir p. 82).

L'Office du Tourisme écossais publie sous le titre *Scotland for Children* une brochure d'information sur les diverses distractions réservées aux enfants.

FORMALITES D'ENTREE et DOUANE *(entry formalities; customs)*. Pour entrer en Ecosse – comme dans tout le Royaume-Uni – les Canadiens présenteront un passeport valable, tandis que les ressortissants des pays du Marché commun ne se muniront que d'une carte d'identité. Les Suisses pourront présenter soit un passeport valable, soit une carte d'identité accompagnée d'une *Visitor's Card* qu'ils obtiendront auprès de la British Travel Association à Zurich ou d'une agence de voyages.

Dans les ports et les aéroports britanniques, si vous avez des marchandises à déclarer, suivez le couloir rouge *(goods to declare)* ; dans le cas contraire, engagez-vous dans le couloir vert *(nothing to declare)* où les douaniers contrôleront, au hasard, quelques passagers. S'ils surprennent quelqu'un en train de passer en fraude ne serait-ce qu'une cartouche de cigarettes... le contrevenant ne pourra que s'en mordre les doigts. On ne badine pas avec les lois britanniques.

Devises. L'importation de devises étrangères, de livres sterling et de *traveller's cheques* n'est soumise à aucune restriction.

Voici ce que vous pourrez importer en Grande-Bretagne et la quantité des produits que vous pourrez rapporter dans votre pays:

F

Entrée en:	Cigarettes		Cigares		Tabac	Alcool	Vin
Grande-Bretagne							
Europe*	800	ou	200	ou	1 kg	10 l	et 90 l
Europe**	200	ou	50	ou	250 g	1 l	et 2 l
Pays non européens	400	ou	100	ou	500 g	1 l	et 2 l
Canada	200	et	50	et	900 g	1,1 l	ou 1,1 l
Belgique							
France	200	ou	50	ou	250 g	1 l	et 2 l
Suisse							

* En provenance d'un pays de la CEE avec des produits non détaxés.
** En provenance d'un pays de la CEE ou d'un autre pays européen avec des produits achetés hors taxes.

G **GARDES D'ENFANTS** *(baby-sitter)*. Les hôtels, les pensions et les *Bed and breakfast* se chargeront généralement de vous fournir une garde. Ce sont souvent des employées de maison qui désirent «arrondir leur fin de mois» ou des étudiants.

Si vous séjournez à Edimbourg, le bureau central d'information touristique (voir OFFICES DU TOURISME) mettra à votre disposition une liste de *nannies* et d'étudiants. Hors de la capitale, adressez-vous simplement à l'Office du Tourisme local.

GOLF. L'Ecosse possède plus de 400 terrains de golf ouverts aux joueurs de passage: la plupart des clubs accueillent le visiteur moyennant un modeste droit d'entrée. Dans quelques golfs privés, les joueurs non accompagnés n'ont accès au *green* que certains jours de la semaine et à certaines heures. Vous pourrez louer clubs et diables (mais pas de chariots) et profiter des services des caddies.

Scotland, Home of Golf (Ecosse, patrie du golf), une brochure publiée et vendue par le Scottish Tourist Board (STB), donne la liste des terrains et des clubs avec leurs tarifs et leurs règlements; y figurent aussi tous les détails concernant les festivals et les séjours organisés (comprenant l'hébergement, les droits à payer et les leçons pour ceux qui en désirent).

Les concours (également ouverts aux visiteurs) sont répertoriés dans *Events in Scotland* (Manifestations en Ecosse), que vous recevrez gratuitement en vous adressant au Scottish Tourist Board (STB – voir Offices du Tourisme).

GUIDES *(guide)*. Pour obtenir des adresses de guides, renseignez-vous auprès de:

The Secretary, Scottish Tourist Guides Association, 5 Duddingston Road, Edimbourg EH15 1ND, tél. (031) 669 64 33, ou 3 Myrtle Avenue, Lenzie, by Glasgow, tél. (041) 776 10 52.

La plupart des membres d'associations de guides professionnels résident à Edimbourg ou à Glasgow; certains se déplaceront au besoin. Leurs tarifs s'appliquent à la journée ou à la demi-journée.

HABILLEMENT. Même si vos vacances écossaises doivent se dérouler en plein mois d'août, emportez vêtements chauds et imperméables. Les anoraks sont très utiles; choisissez-en un de couleur vive pour vous faire voir des chasseurs, lorsque vous vous promènerez ou ferez de l'escalade. Des chaussures solides sont indispensables.

L'Ecosse produit quelques-uns des plus beaux tissus du monde. Vous aurez le choix entre de merveilleux lainages, des tartans ou du tweed.

HORAIRES

Banques. Elles ouvrent de 9 h 30 à 12 h 30 et de 13 h 30 à 15 h 30 du lundi au vendredi; dans les grands centres, ces heures d'ouverture sont prolongées de 16 h 30 à 18 h le jeudi; certains établissements restent ouverts le vendredi à l'heure du déjeuner. A l'aéroport, les bureaux de change sont ouverts plus longtemps. Quelques localités rurales bénéficient des services de banques itinérantes qui n'opèrent que certains jours, et durant quelques heures seulement.

Bureaux et commerces. Ils sont ouverts de 9 h à 17 h ou 17 h 30 du lundi au vendredi. Quelques-uns ouvrent le samedi matin.

Bureaux de poste. La plupart sont ouverts de 9 h à 17 h 30 du lundi au vendredi (avec éventuellement une interruption à midi), et de 9 h à 12 h 30 le samedi. Les bureaux de moindre importance ferment une demi-journée par semaine, soit le mercredi, soit le jeudi.

Magasins. Ils ouvrent de 9 h à 18 h, du lundi au vendredi et, le samedi, de 9 h à 13 h (lorsque ce n'est pas toute la journée). Boulangeries, laiteries et marchands de journaux peuvent être ouverts plus tôt. Un jour par semaine, l'heure de fermeture de la plupart des magasins est

H avancée (vers 13 h); cet *early closing day* varie d'un endroit à l'autre. Dans de nombreuses villes, un *Sunday shop,* peut-être un supermarché ou une épicerie, ouvre quelques heures le dimanche.

Musées, châteaux, sites touristiques. Les horaires varient, aussi renseignez-vous auprès d'un Office du Tourisme avant de vous mettre en route. En règle générale, les visites touristiques se déroulent de 9 h 30, environ, jusqu'en fin d'après-midi, ou en début de soirée en été; mais le samedi après-midi et le dimanche matin, on ferme! En hiver, de nombreux châteaux et autres sites sont fermés au public ou n'ouvrent que pour des périodes limitées. Contrôlez aussi quels sont les jours de fermeture anticipée *(early closing day)*.

Offices du Tourisme. Pendant six mois consécutifs, les bureaux nationaux et régionaux travaillent du lundi au samedi de 10 h du matin à 18 h, et pendant quatre heures le dimanche. Les centres locaux sont ouverts pendant quatre mois en été, généralement de 10 h à 18 h du lundi au vendredi et quatre heures durant le samedi et/ou le dimanche.

Pubs. Ils ouvrent généralement de 11 h à 23 heures.

HOTELS et LOGEMENT *(hotel; accommodation).* Plus de 3300 hôtels, 7000 pensions et *Bed and breakfast* (littéralement «lit et petit déjeuner») se proposent de vous héberger. Dans une brochure bon marché, le Scottish Tourist Board (voir Offices du Tourisme) recense la plupart de ces établissements. De plus, il y a des centaines de cottages, de caravanes fixes, de chalets, de fermes, de pavillons, de petites fermes *(croft houses)* et d'appartements à louer.

Si vous en avez la possibilité, faites vos réservations pour les périodes de Pâques, juillet et août. Autrement, rendez-vous dans l'un des bureaux d'information touristique; la plupart d'entre eux pourront vous proposer leurs services *Local Bed-Booking* et *Book-a-Bed-Ahead,* qui vous assureront, le jour même, un logement pour la nuit. La petite somme que vous paierez pour cette réservation sera ensuite déduite de votre facture.

Les **hôtels** vont du plus simple au plus luxueux. Les plus agréables sont souvent des manoirs isolés. Dans les hôtels écossais, il existe des chambres avec bains, mais elles sont rares. Toutefois, quelque 60 hôtels ont des piscines et une vingtaine leur propre terrain de golf.

Dans un hôtel écossais, comme partout au Royaume-Uni, vous apposerez votre nom sur un registre. Votre facture comportera la taxe à la valeur ajoutée (*Value Added Tax* – VAT) et parfois le service; si ce dernier n'est pas inclus, il est laissé à votre bon cœur (le plus discret des pourboires ne saurait être inférieur à 10%!).

Le Scottish Tourist Board (STB) détient aussi la liste (importante) des hôtels qui disposent d'équipements spéciaux pour les personnes handicapées et pour les enfants, et de ceux qui offrent des prix hors saison pour les personnes du troisième âge.

Les **pensions** *(guest house)* et les **Bed and breakfast** (B&B) vous laisseront souvent d'excellents souvenirs, même si les chambres ne comportent que rarement une salle de bains. Par contre, presque tous les hôtels, les pensions et les B&B ont l'eau courante, chaude et froide. De plus en plus, les établissements de toutes catégories servent le repas du soir ou le *high tea* (thé complet).

L'Association des auberges de jeunesse d'Ecosse *(Scottish Youth Hostels Association)*, qui regroupe 80 **auberges de jeunesse** *(youth hostel)*, accueille toute personne âgée de plus de cinq ans, détentrice d'une carte de membre nationale ou internationale. Règlements et prestations peuvent varier d'une auberge à l'autre. Renseignez-vous auprès de: SYHA, 7 Glebe Crescent, Stirling FK8 2JA; tél. (0786) 51181.

JOURNAUX et REVUES *(newspaper; magazine)*. En plus de la presse nationale anglaise, il existe quelques quotidiens écossais. Ceci concerne les personnes avides de pratiquer l'anglais.

Que celles qui ne songent pas à se plonger dans un journal anglophone se rassurent: dans toutes les localités touristiques, ainsi que dans les aéroports, elles trouveront la plupart des publications existant en langue française.

JOURS FERIES. Au Royaume-Uni, les *Bank Holidays* ne sont en général respectés que par les banques et ne sont pas nécessairement chômés par les bureaux et les magasins. De nombreuses villes ont leur propre jour de fermeture hebdomadaire, généralement le lundi. Le Scottish Tourist Board publie chaque année une liste des fêtes régionales et nationales. Le tableau suivant vous donne celle des jours fériés fixes et mobiles (si un jour férié tombe un samedi ou un dimanche, l'usage veut que le lundi suivant soit chômé).

1er janvier*	*New Year's Day*	Jour de l'an
2 janvier*	*Bank Holiday*	Jour de fermeture des banques
25 décembre*	*Christmas Day*	Noël
26 décembre*	*Boxing Day*	Lendemain de Noël

* férié dans tout le pays

J

Fêtes mobiles :		
mars ou avril	*Good Friday* ou *Easter Monday*	Vendredi saint ou Lundi de Pâques
mai	*Spring Bank Holidays*	Dernier lundi du mois
août	*Summer Bank Holiday*	Dernier lundi du mois

L **LANGUE.** Ce n'est pas parce que vous avez de bonnes notions d'anglais que vous n'aurez pas de problèmes avec la langue des autochtones.

Si seuls 82 000 Ecossais (la plupart installés dans les Hébrides) savent encore s'exprimer couramment en gaélique, langue celtique voisine du breton, l'anglais parlé est truffé d'expressions d'origine gaélique et d'autres typiquement du cru. Sans parler de l'accent qui, bien que mélodieux, est assez éloigné de celui de l'anglais classique et risque de dérouter, au début, un non-initié. Les régionalismes, les mots de patois pullulent et risquent de vous rendre perplexe. Autre problème : les Ecossais, fréquemment, ne prononcent pas les mots, les noms de famille et de lieux, comme on pourrait s'y attendre d'après l'orthographe anglaise : par exemple, Kircudbright se dit Kir*cou*bri, Culzean se prononce Cul*laine*, Colquhoun s'approche plus de *Cohoune*, alors que Culross se dit *Courus*, Menzies, eh oui, devient *Minguizes*, Dalziell, *Di-elle*, etc. Si cela peut vous consoler, les Anglais eux-mêmes s'y perdent...

Pour vous donner du courage, voici, à titre indicatif, quelques mots parmi les plus courants :

Ecossais/gaélique	*Anglais*	
auld lang syne	*days long ago*	autrefois
Auld Reekie	*Edinburgh*	Edimbourg («la Vieille Enfumée»)
aye	*yes*	oui
bide a wee	*wait a bit*	attendez un instant
bonny/bonnie	*pretty*	joli
brae	*hillside*	colline
brig	*bridge*	pont
croft	*small farmhouse*	petite ferme
dram	*drink of Scotch*	une rasade de scotch
ken	*to know*	savoir
kirk	*church*	église
lassie	*girl*	fille, fillette
wee	*small*	petit

LOCATION DE BICYCLETTES *(bicycle hire)*. Dans de nombreuses villégiatures, les bureaux d'information vous dirigeront sur des agences locales (ou des particuliers) qui accepteront de vous louer un deux roues pour une heure, un jour ou une semaine. L'Office du Tourisme écossais (voir OFFICES DU TOURISME) vous remettra gratuitement une brochure qui recense la plupart des agences de location. Si vous voulez faire du vélo en juillet ou en août, pensez à réserver votre bicyclette. N'espérez pas pouvoir louer un vélomoteur, car il n'y en a pas.

LOCATION DE VOITURES *(car rental)*. En règle générale, pour louer une voiture à l'une des nombreuses agences locales ou internationales, il faut avoir plus de 21 ans et être titulaire du permis de conduire depuis au moins un an. En principe, tous les permis de conduire, quel que soit le pays qui les a émis, sont reconnus par les autorités britanniques.

OBJETS PERDUS *(lost property)*. Quel que soit l'objet que vous avez perdu, il risque de réapparaître au poste de police principal d'Edimbourg; téléphonez au (031) 311 31 31 pour vous renseigner avant de vous déplacer. Si vous avez égaré quelque chose dans un bus ou dans un train, adressez-vous à l'un des bureaux des objets trouvés d'Edimbourg: celui de la gare routière est à côté de St. Andrew Square, et celui des chemins de fer, à Waverley Station.

OFFICES DU TOURISME *(tourist information)*. Aucun pays au monde ne publie autant d'informations touristiques que l'Ecosse. Ingénieusement répartis entre les Lowlands, les Highlands et les îles, quelque 140 Offices du Tourisme vous offriront leurs services. La majorité dépend du Scottish Tourist Board, d'autres du National Trust of Scotland, de la Forestry Commission ou encore de la Countryside Commission. Vous les reconnaîtrez à leur panneau bleu et blanc portant un *i* en italique (information). Pour obtenir la liste complète de ces offices, écrivez au bureau central du Scottish Tourist Board, dont l'adresse figure ci-dessous. Sur place, vous trouverez une abondante littérature, gratuite ou non, traitant des sujets les plus divers allant de l'archéologie à la faune et à la flore locales. Un personnel qualifié est prêt à répondre à toutes vos questions.

O   A Edimbourg, pour toutes questions d'ordre touristique, adressez-vous au Tourist Information Centre (Centre d'information touristique):

Waverley Market, Princes Street, tél. (031) 577 27 27 ou à l'Information and Accommodation Service (Service d'information et d'hébergement), à l'aéroport d'Edimbourg, tél. (031) 333 21 67.

Renseignements sur l'ensemble de l'Ecosse:

Scottish Travel Centre, 14 South St. Andrew Street, Edimbourg.

Le bureau central du Scottish Tourist Board (STB) se trouve à:

23 Ravelston Terrace, Edimbourg EH4 3EU; tél. (031) 332 24 33 (questions par lettre ou par téléphone uniquement).

En outre, la British Tourist Authority (BTA), par l'intermédiaire de ses nombreux bureaux à l'étranger, peut vous conseiller dans votre propre pays:

Belgique: 306, avenue Louise, 1050 Bruxelles; tél. (2) 646 35 10.

Canada: Suite 600, 94 Cumberland Street, Toronto, Ont, M5R 3N3; tél. (416) 925 63 26.

France: 63, rue Pierre-Charron, 75008 Paris; tél. (1) 42 89 11 11.

Suisse: Limmatquai 78, 8001 Zurich; tél. (01) 47 42 77.

P   **PECHE.** Si vous voulez profiter des extraordinaires possibilités que vous offre l'Ecosse en matière de pêche, munissez-vous simplement d'un permis valable dans la région de votre choix. Certains hôtels détiennent des droits de pêche dont ils font bénéficier leurs clients. A moins que vous ne préfériez l'alternative du séjour organisé «pêche-vacances», matériel et conseils compris. La pêche en Ecosse est un sport très avantageux... sauf si l'on en veut au saumon !

Tous les renseignements pratiques relatifs à ce sport (sites, ouverture et clôture de la pêche, permis, etc.) sont groupés dans les publications émises par l'Office du Tourisme écossais, telles que *Scotland for Fishing* et *Angling in the Scottish Borders*.

PHOTOGRAPHIE. Il se peut que dans les musées et les châteaux, on vous interdise de photographier certains chefs-d'œuvre, du moins au flash. A part cela, vous ne subirez en Ecosse qu'une contrainte... le temps.

120   Toutes les marques connues de films sont en vente dans les pharmacies *(chemists)*, les magasins de souvenirs, les grands magasins et les papeteries *(stationers)*. Certaines maisons vous proposeront leur service express (développement en 48 heures ou même moins), mais le délai normal est généralement de 7 à 10 jours.

POLICE. Vous ne verrez pas souvent un représentant des 13 000 agents de police écossais ; mais si vous avez besoin de l'aide de l'un d'entre eux, il se montrera extrêmement efficace et aimable. Tout comme leurs collègues anglais, les policiers écossais ne sont généralement pas armés. En cas d'urgence, le numéro de téléphone valable pour toute l'Ecosse est le 999. Pour obtenir le poste de police central, appelez le : (031) 311 31 31 à Edimbourg et le (041) 204 26 26 à Glasgow.

Les contractuels ne jouissent pas de la même popularité, car ils sont impitoyables en matière de contraventions.

POSTES ET TELECOMMUNICATIONS

Bureaux de poste et courrier *(post office ; mail)*. Le Royaume-Uni propose deux tarifs d'affranchissement pour les lettres et les paquets : le tarif ordinaire et le tarif réduit *(first-/second-class mail)*. Si vous deviez envoyer du courrier à un correspondant établi en Grande-Bretagne, vous auriez avantage à affranchir vos lettres en tarif ordinaire, le tarif réduit pouvant parfois entraîner des délais d'acheminement fantaisistes. En revanche, tout le courrier pour le «continent» et les pays d'outre-mer est automatiquement envoyé par avion.

Les timbres sont vendus dans les bureaux de poste (il y en a dans pratiquement chaque petit village, même s'ils ne partagent parfois que quelques mètres carrés avec l'épicerie), dans les kiosques ou par des distributeurs automatiques. Vous recevrez des timbres écossais ou anglais, les deux ayant cours partout au Royaume-Uni.

Si vous ne connaissez pas votre adresse en Ecosse avant de partir en vacances, faites envoyer votre courrier à la poste restante *(c/o Poste Restante)* ou simplement au bureau de poste *(c/o Post Office)* de la ville de votre choix. Pour récupérer votre courrier, munissez-vous de votre passeport, de votre permis de conduire ou de tout autre papier d'identité. Aucune taxe n'est perçue.

Télégrammes. Ils n'existent plus en Ecosse ; mais ils sont remplacés par les *Telemessages* que l'on dicte par téléphone et qui sont distribués le lendemain. Ce service, valable à l'intérieur du pays, fonctionne du lundi au samedi.

Téléphone *(telephone)*. Dans la rue, les taxiphones sont installés dans des cabines vitrées. Il en existe aussi dans les pubs, les restaurants et

P autres lieux publics. Les téléphones dans les cabines vertes n'acceptent que des cartes que l'on peut acheter chez les marchands de journaux. La plupart des téléphones à pièce fonctionnent maintenant avec des pièces de 10p, 20p, 50p et £1. Pour ce qui concerne les appels avec l'étranger, vous disposez d'informations claires (indicatifs, taxes) à l'intérieur de la cabine. Enfin, pour établir un appel en p.c.v., spécifiez: *reverse the charges*.

D'octobre à mai, les skieurs peuvent se renseigner sur les conditions d'enneigement en téléphonant au (0898) 65 46 54 ou au (041) 248 34 51, où l'on vous donnera les numéros à appeler pour obtenir des renseignements sur les conditions météorologiques.

POURBOIRES. Certains hôtels et restaurants ajoutent automatiquement un pourboire à leurs notes. D'autres spécifient *« Service not included »,* laissant le client libre de décider du pourboire à donner. Il n'est pas d'usage de laisser de service dans les «B&B». Les ouvreuses au théâtre et au cinéma n'attendent rien non plus. En cas de doute, voici quelques indications:

Chauffeur de taxi	15%
Coiffeurs	10%
Femme de chambre, semaine	£3–4
Garçon	arrondir
Préposée aux lavabos	10p
Guide touristique	10%
Porteur (à l'hôtel), par bagage	au moins 50p

R **RADIO et TELEVISION.** Tout comme en Angleterre, les téléspectateurs ont le choix, en Ecosse, entre deux stations de la BBC, sans annonces publicitaires, et deux chaînes commerciales indépendantes (Channel 4 diffuse ses programmes du début de la matinée jusque vers 2 h du matin tandis que la chaîne STV fonctionne pratiquement vingt-quatre heures sur vingt-quatre). La BBC justifie de sa bonne réputation quant à la qualité de ses émissions. Dans certaines régions d'Ecosse vous pourrez capter jusqu'à cinq stations radiophoniques de la BBC, y compris Radio Scotland.

RECLAMATIONS *(complaint)*. Si vous avez à vous plaindre des services d'un hôtel, d'un restaurant ou d'un magasin, adressez vos réclamations à l'Office du Tourisme local ou à l'Office du Tourisme écossais, à Edimbourg, ou encore, en dernier recours, à la police.

En Grande-Bretagne, la défense du consommateur fait l'objet d'un service officiel. Si un article ne correspond pas à sa description, ou s'il est défectueux, vous pouvez le rendre (à condition d'avoir gardé la quittance). La loi étant de votre côté, le commerçant ne devrait pas vous faire de difficultés. Il vous proposera peut-être un bon d'achat, mais vous êtes en droit d'exiger le remboursement de l'objet.

RENCONTRES. Dans les magasins, les restaurants, les centres sportifs, les pubs – pratiquement partout –, dès qu'ils se rendront compte que vous êtes étranger, les Ecossais ne seront que trop contents d'entamer la conversation. A plus forte raison si vous parlez français, car depuis toujours les Ecossais ont une attirance pour la France. L'Ecosse, même ses grandes villes, est une terre d'amitié où l'hospitalité n'est pas un vain mot.

SERVICES RELIGIEUX *(church services)*. Le culte officiel est celui de l'Eglise presbytérienne d'Ecosse (Church of Scotland), mais la religion catholique romaine s'est imposée dans certaines régions (à cent pour cent sur quelques îles); un sixième des petits Ecossais suivent des écoles catholiques. Parmi les autres confessions représentées, signalons les religions anglicane, méthodiste et baptiste. Enfin, il existe des synagogues à Glasgow, Edimbourg, Dundee, Aberdeen et Ayr.

SOINS MEDICAUX. L'Ecosse, qui a eu souvent un rôle de pionnier en matière de recherches médicales, se vante du niveau élevé de ses prestations dans ce domaine. Les visiteurs étrangers qui tomberaient malades ou qui seraient victimes d'un accident, pourront bénéficier gratuitement du même traitement médical, y compris l'hospitalisation, que les Britanniques eux-mêmes; et cela grâce au National Health Service (Service national de santé). Si le malade le préfère, rien ne l'empêche de consulter un médecin privé. Les hôpitaux les plus importants se trouvent à Edimbourg, Glasgow, Aberdeen et Dundee. Les Offices du Tourisme et les hôtels vous mettront en rapport, en temps utile, avec les médecins, dentistes et hôpitaux locaux.

Pharmacies *(chemists)*. A Edimbourg et dans les autres grandes villes, vous trouverez une pharmacie ouverte jusqu'à 19 h 30; dans le cas contraire, et si vous avez une ordonnance pour des médicaments urgents, mettez-vous en rapport avec un poste de police qui vous aidera. Si votre état exige une intervention rapide, téléphonez au n° 999. Voici les adresses des pharmacies de garde d'Edimbourg et de Glasgow, ouvertes de 8 h 45 à 21 h du lundi au samedi, et de 11 h à 16 h 30 le dimanche:

Edimbourg: Boots, 48 Shandwick Place; tél. (031) 225 67 57
Glasgow: Boots, Union Street; tél. (041) 248 73 87.

Piqûres d'insectes. En été, les moustiques *(midges)* sont particulièrement abondants sur la côte Ouest. Les taons *(clegs)* et les minuscules, mais non moins diaboliques, punaises *(berry bugs)* peuvent aussi être virulents par temps orageux. Les produits pour éloigner les insectes ne sont pas toujours aussi efficaces qu'ils prétendent l'être. Mais on vend en pharmacie des pommades qui vous soulageront en cas de piqûre.

T # TABLES DE CONVERSION

Température

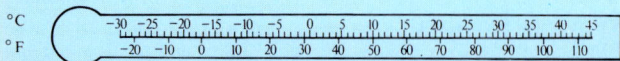

Longueur

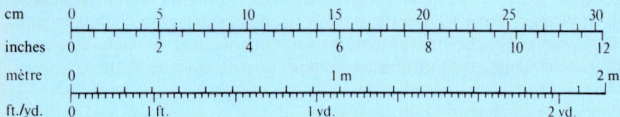

Distance

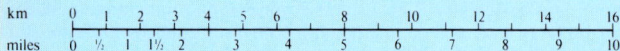

Poids

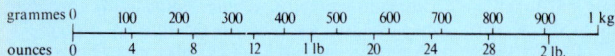

Capacité

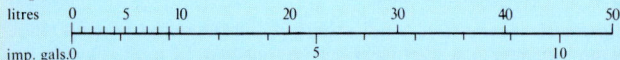

TAXIS. Les taxis des grandes villes d'Ecosse ressemblent à s'y méprendre à leurs frères jumeaux de Londres. Carrés, hauts sur roues, ils présentent un coin à bagages à côté du conducteur (ou de la conductrice) et les clients s'assoient derrière, séparés du chauffeur par une vitre coulissante. Initialement noirs, les taxis écossais commencent à mettre un peu de fantaisie dans les rues de la capitale en adoptant des tons turquoise ou marron. Lorsqu'ils sont libres, un panneau lumineux jaune indique *For Hire*.

Il y a des stations de taxis devant les gares et les aéroports. Si vous ne voulez pas héler un taxi en maraude, réservez-en un par téléphone, au (031) 229 52 21. Le service de radio-taxis fonctionne jour et nuit.

Vous paierez un supplément pour le transport des bagages et le pourboire – non compris – est de 15%. Au départ de l'aéroport d'Edimbourg, des forfaits sont établis pour certains trajets hors de ville. Si vous envisagez une longue randonnée, convenez au préalable du prix de la course ou louez une voiture avec chauffeur. Renseignez-vous à ce sujet auprès des bureaux d'information touristique.

TOILETTES *(toilets)*. Cherchez les indications *Public Conveniences, Lavatory* (prononcer «lavatrii») ou *WC*. Sur les entrées, vous lirez *Ladies* (Dames) ou *Gentlemen* (Messieurs), à moins que n'y figurent des silhouettes féminine ou masculine. Tous les endroits publics sont dotés de toilettes que l'on désigne fréquemment par le terme *Loo* (prononcer «lou»).

Dans les grandes villes, il vous arrivera peut-être de voir un *Superloo,* lieux d'aisances plus sophistiqués où, contre une modique somme, on peut prendre une douche, se raser, etc.

Où sont les toilettes?   **Where is the lavatory?**

TRANSPORTS EN COMMUN. En Ecosse, les touristes pourront bénéficier d'un réseau de transports publics extrêmement dense exploité par les chemins de fer, les compagnies d'autobus et de ferry-boats.

Si vous désirez visiter le Nord sans utiliser de voiture, achetez un *Travelpass*; du 1er mars au 31 octobre, vous pourrez, pour une somme modique, emprunter la plupart des autobus, des trains et des bacs circulant dans les Highlands et dans (ou entre) les îles.

Dans les Offices du Tourisme et dans les gares centrales, vous pourrez vous approvisionner gratuitement en brochures diverses (cartes, horaires, programmes d'excursions en train et en car).

La formule *BritRail Pass* donne le droit de voyager en train dans tout le Royaume-Uni, sans aucune limitation de distance, pendant 8, 15, **125**

T 22 jours ou un mois. On ne peut acheter ce billet qu'en dehors de Grande-Bretagne. Les enfants de 3 à 13 ans paient demi-tarif. Le *BritRail Youth Pass* est conçu pour les jeunes de 16 à 26 ans.

En fait, on vous proposera d'innombrables formules d'excursions, de sorties en fin de semaine, de périples d'île en île, à des prix avantageux.

Des services d'autobus desservent les grandes villes. Pour Glasgow, contactez le *Travel Centre* à St. Enoch Square (tél. (041) 226 48 26) et pour Edimbourg, le *Scottish Tourist Board,* 23 Ravelston Terrace (tél. (031) 332 24 33). Glasgow dispose aussi d'un métro qui dessert le centre-ville. Les trains sont fréquents et le prix moyen d'un billet est de 50p. Le service souterrain *Park and Ride* relie de grands parkings aux abords de la ville au centre-ville. Des **autocars** confortables, avec W.C., relient les villes importantes (par ex.: Edimbourg–Inverness, 260 km, 4 h 30; Glasgow–Oban, 150 km, 3 h). Pour plus d'informations, contactez *Scottish City Link,* Buchanan Bus Station, Killermont Street, Glasgow (tél. (041) 332 91 91).

Les **trains** intervilles relient Londres à Glasgow en 4 h 30, ou à Edimbourg en 5 heures. Certains trains – de jour et de nuit – sont extrêmement rapides. De Glasgow et d'Edimbourg, le réseau s'étend jusqu'à Perth, Dundee, Aberdeen et Inverness; ensuite les trains circulent sur des lignes secondaires. A partir de Londres et de quelques ports, certains trains transportent voitures et voyageurs jusqu'à Aberdeen, Edimbourg, Inverness, Perth et Stirling.

Des compagnies de **ferry-boats** assurent la liaison entre la terre ferme et l'île d'Arran et les îles plus au nord, ou traversent la Clyde de Gourock à Dunoon et suivent d'autres voies d'eau plus petites. En haute saison, il est indispensable de réserver sa place sur les ferries les plus fréquentés, tels que ceux de Arran, Mull et Skye (en particulier celui de Kyle et Lochalsh). Consultez les chapitres traitant des îles.

U URGENCES *(emergencies).* Voir aussi CONSULATS, POLICE et SOINS MÉDICAUX. Pour obtenir les pompiers, la police, l'ambulance, l'aide d'un garde-côtes, le service de sauvetage en mer ou en montagne, téléphonez (gratuitement) de n'importe quelle cabine, au n° 999. Précisez alors à l'opératrice le type de secours dont vous avez besoin.

En espérant que vous n'aurez pas à les utiliser, voici la traduction de quelques interjections:

A l'aide	**Help**
Au feu	**Fire**
Au voleur	**Stop thief**
Police	**Police**

Index

Les numéros suivis d'un astérisque renvoient à une carte. Le sommaire des *Informations pratiques* figure en p. 2 de couverture.